YOU & US
我们和你们

中国和摩洛哥的故事

孙海潮 主编

五洲传播出版社

图书在版编目（CIP）数据

中国和摩洛哥的故事 / 孙海潮主编 . -- 北京：五洲传播出版社，2018.8
（我们和你们）
ISBN 978-7-5085-3985-0

Ⅰ . ①中… Ⅱ . ①孙… Ⅲ . ①中外关系 – 友好往来 – 摩洛哥
Ⅳ . ① D822.241.6

中国版本图书馆 CIP 数据核字 (2018) 第 166558 号

中国和摩洛哥的故事

主　　编：　孙海潮
副 主 编：　吴富贵
出 版 人：　荆孝敏
责任编辑：　高　磊
装帧设计：　正视文化
出版发行：　五洲传播出版社
地　　址：　北京市海淀区北三环中路 31 号生产力大楼 B 座 6 层
邮　　编：　100088
发行电话：　010-82005927，010-82007837
网　　址：　www.cicc.org.cn www.thatsbooks.com
承　　印：　北京圣彩虹科技有限公司
版　　次：　2019 年 1 月第 1 版第 1 次印刷
开　　本：　787×1092mm 1/16
印　　张：　16
字　　数：　220 千字
定　　价：　56.00 元

丝路精神谱新篇

——写在"我们和你们"丛书之中国和阿拉伯国家故事系列图书出版之际

中国同阿拉伯国家友谊源远流长。历史上，陆上丝绸之路和海上香料之路就已把中国和阿拉伯国家连在一起，甘英、郑和、伊本·白图泰都是耳熟能详的友好使者。近代以来，特别是自万隆亚非会议之后，中国同阿拉伯国家承前启后开创了友好交往的新纪元。1956 年至 1990 年，中国同全部 22 个阿拉伯国家建立外交关系。

中阿友好交往已经走过一个甲子。60 年来，无论国际和地区风云如何变幻，阿拉伯国家在中国外交版图中始终占据重要位置。中国坚定支持阿拉伯民族解放运动，坚定支持阿拉伯国家捍卫国家主权和领土完整、争取和维护民族权益、反对外来干涉和侵略的斗争，坚定支持阿拉伯国家致力于实现和平稳定、发展民族经济、建设国家的事业。阿拉伯国家也在台湾等涉及中国核心利益问题上给予中方长期有力支持。1971 年，13 个阿拉伯国家投票支持中国恢复联合国席位，"两阿提案"永载史册。迄今为止，中国同 8 个阿拉伯国家建有战略性关系。阿拉伯国家已成为中国第一大原油供应方和第七大贸易伙伴，是中国最重要的工程承包和海外投资市场之一。

站在新的历史起点上，习近平主席高屋建瓴地指出，中国同阿拉伯国家是共建"一带一路"的天然合作伙伴，双方在各自实现民族振兴的道路上要结伴而行，共同弘扬和平合作、开放包容、互学互鉴、互利共赢的丝路精神。习近平主席为中阿关系发展规划的宏伟蓝图，贯穿了以发展促和平的深刻理念，体现了中国负责任的大国风范。

当前，尽管国际形势经历深刻变化，但坚定中阿友好始终是双方的政治共识，中阿共建"一带一路"成为新时期双方发展关系的引领。中阿以能源合作为主轴，以基建、贸易投资便利化为两翼，以核能、航天、新能源三大高新领域为突破口的合作格局进一步夯实；以"促进稳定、创新合作、产能对接、增进友好"为支撑的四大行动计划正全面向前推进。

"我们和你们"丛书之中国和阿拉伯国家故事系列图书就是共建中阿友好的一些亲历者们的讲述，在他们笔下，中国同阿拉伯国家关系发展的一幕幕情景、一桩桩大事、一件件细节，温暖、鲜活地呈现。书中一个个动人的故事，老一辈政治家的决断，外交前辈的亲历，普通人的交往……中阿之间政治、经贸、军事、人文等各领域友好合作发展的点滴，让我们重温先辈的开拓，感受历史的厚重，寄望未来的辉煌。

历史车轮滚滚向前，西亚北非地区必将翻开新的一页。我们将继续同阿拉伯国家世代友好、守望相助，为实现中华民族伟大复兴的"中国梦"和阿拉伯国家人民过上安宁、幸福生活的美好愿望而携手而行。

谨以此序向为中阿友好事业作出贡献的先辈、同事、朋友们致敬。

王毅

中华人民共和国国务委员兼外交部长

序

摩洛哥王国和中华人民共和国之间的关系源远流长，两国间的友谊已持续了数个世纪。尤其是 14 世纪摩洛哥旅行家伊本·白图泰跋山涉水来到中国，增进了两国之间的了解。

虽然相隔万里，但中摩两国在文化上却有着很多共通之处。在古代，仪仗伞在两国都是皇家威严的象征。红色在两国都是非常重要的颜色。此外，数个世纪以来，摩洛哥人都在使用中国瓷器制作的餐具，并有饮用中国茶的传统，摩洛哥也是中国茶叶第一大进口国。在摩洛哥和中国，人们都重视家庭观念和尊老敬老的价值观。在摩洛哥某些地区的音乐中，能找到与中国音乐相似的元素。摩洛哥的传统服装卡夫坦长衫也使用中国丝绸。

历史上，两国都有着为争取民族独立而与殖民主义和帝国主义抗争的相似经历。所以，两国的坚实关系是建立在共同的文化和历史传统之上的。同时，两国的对外政策和国际关系视野也有着很大的相似性。1958 年，摩洛哥成为非洲第二个与中华人民共和国建立外交关系的国家，至今已有 60 年。

今天的中国经历了巨大的变革，在诸多领域获得令人瞩目的成就。摩洛哥,得益于其得天独厚的地理位置,愿与中国建立紧密的联系。在 2016 年 5 月摩洛哥国王穆罕默德六世访华之际,两国领导人签署了关于建立战略伙伴关系的联合声明,为两国关系开启了新的前景。两国还签署了涉及不同领域的多项谅解备忘录。

中国是摩洛哥第三大进口来源国,但中国投资在摩洛哥的外国投资中排到了第 30 位。同时,两国贸易关系略显失衡,主要为摩洛哥从中国进口商品。因此,两国在经贸领域的合作还有着很大的发展空间,对中国企业来说也意味着重大的机遇。

摩洛哥已加入中国国家主席习近平提出的"一带一路"倡议,并愿参与具体项目的落实。

摩洛哥,一个不断谋求现代化的国家,以开放的姿态,希望吸引越来越多的中国人。我们希望摩洛哥国王作出的针对中国游客免签证的决定,可以鼓励更多的中国朋友来到摩洛哥。这将会巩固我们两国人民的传统友谊,并促使双方增进了解。

所以,两国有着建立紧密关系所需的良好基础。

最后,我希望向中国读者传递以下信息:

摩洛哥对中国和中国人民在过去 40 年间取得的人类历史上独一无二的迅猛发展速度和巨大发展成就深感敬佩。中国朋友来到摩洛哥,将会感受到天然的亲近感,因为两国文化非常相似。虽然相距遥远,但两国文化相通。

欢迎来到摩洛哥!

阿齐兹·梅库阿尔

摩洛哥王国驻华大使

2018 年 8 月于北京

目录

记忆篇

合作篇

交流篇

记忆篇

中国与摩洛哥的历史情缘和当今友谊

程涛（中国外交部非洲司原司长、前驻摩洛哥大使）

我作为外交官在非洲常驻 16 年，到过 40 多个非洲国家，其中摩洛哥留给我的印象特别深刻。摩洛哥身在非洲，不像非洲；不是欧洲，近似欧洲；是阿拉伯国家，又不同于其他阿拉伯国家。摩洛哥比其他阿拉伯国家更加开放，虽是君主立宪制度，但实行多党民主；虽是伊斯兰国家，女孩子上街不戴黑面纱，还可以穿超短裙；用餐时，同桌的你可以喝酒，他可以与你碰杯，不过他杯子里装的是可乐；外国驻摩洛哥大使馆的国庆招待会上，可以上猪肉和猪肉做的香肠，条件是你必须在猪肉制品前面放一张猪的照片——穆斯林兄弟不吃猪肉，但对猪的形象并不陌生。摩洛哥与中国不同制度、不同宗教、不同文化，而这些看似矛盾的东西，并没有影响这个国家及其人民与中国之间的友谊和合作，中国与摩洛哥的友好关系源远流长，历久弥坚。

中国与摩洛哥友谊的历史渊源

中摩两国和两国人民有着悠久的交往历史和深厚的传统友谊。早在 8 世纪中叶，中国唐朝就有一位叫杜环的人到过摩洛哥。13 世纪，中国元代旅行家汪大渊造访过摩洛哥。1346 年，摩洛哥旅行家伊本·白图泰牢记先知穆罕默德"求知，哪怕远在中国"的教诲，历尽艰辛到达中国。伊本·白图泰是中世纪世界著名的四大旅行家之一，公元 1304 年生于摩洛哥丹吉尔的一个穆斯林家庭。白图泰从小就十分向往中国、印

程涛大使与两位柏柏尔老人合影

度和东方的灿烂文明。他从22岁开始东行远游，历尽艰险，终于在公元1346年即元朝至正六年到达中国泉州。白图泰在中国逗留三年多，访问过泉州、广州、杭州和大都（北京）。白图泰的《游记》中，对泉州的记载和描述最为详尽。他记载在泉州登岸后，受到当地人民和元朝地方官员的热情欢迎和接待。《游记》中称泉州是世界上最大的港口之一："我们飘海到达中国的第一座城市就是刺桐城（即泉州），港口很大，港内停有大船百余艘，小船无数。"《游记》对中国的经济、社会、文化、宗教、风土人情都有详细描述。白图泰总结说，中国幅员辽阔，资源丰富，大河沿岸村舍相连，阡陌园圃纵横，较埃及尼罗河沿岸人烟更加繁盛。他在《游记》中对中国当时已经使用石炭（即煤）作燃料深感奇怪和赞赏。《游记》中还叙述了中国烧制瓷器的方法和过程，说中

中国和摩洛哥相似的民族乐器

国泉州和广州烧制的瓷器"神奇美妙","是世界上最好的瓷器,远销到印度和摩洛哥"。在著述中,他还称赞中国商业繁荣,瓷器无比精美,绘画艺术高超,治安措施严密等。白图泰的著述对增进中摩两国人民之间的相互了解作出了巨大的贡献,促进了中国和摩洛哥的友好往来,两国的贸易一度达到相当高的水平。

摩洛哥传统建筑的屋顶和中国北方琉璃瓦的屋顶十分相似,据说也是从白图泰的著作里得到启发,模仿中国的风格。中摩交往也有力促进了中国和整个马格里布国家以及欧洲国家的关系。古代,摩洛哥是"海上丝绸之路"的最西端,从埃及到摩洛哥设有100多个驿站,通过狭窄的直布罗陀海峡连接欧洲大陆,所以摩洛哥成了中国商品输往欧洲的中转站。中国"四大发明"中的火药和印刷术,就是通过摩洛哥传到欧洲的。

中国人民永远不会忘记伊本·白图泰这位友好使者的名字。1963年,

中国人和摩洛哥人相似的冲茶方式

周恩来总理访问摩洛哥，他首先来到摩北部城市丹吉尔，那里是伊本·白图泰的故乡。周恩来说："伊本·白图泰为阿拉伯人、穆斯林和全世界了解中国文化作出了重要贡献。我们相信，伊本·白图泰在东西方文明的对话中发挥了有力的作用。"而摩洛哥人又把周恩来总理发表纪念伊本·白图泰讲话时站立的地方作为文物保存下来。人民间的交往和友谊就是这样代代相传。

中摩友好关系中的茶叶情缘

由于有两国人民间友好交往的基础，君主立宪的摩洛哥王国在 1958 年紧随埃及之后与中国建交，成为第二个与新中国建立外交关系的非洲国家。而在两国再次牵手过程中，茶叶发挥了独特的作用。

摩洛哥长期遭受法国的殖民统治，1956 年 3 月获得独立。在摩洛哥独立的前一年，周恩来总理在 1955 年 4 月万隆会议上的发言中就明确表示：中国政府和人民完全同情和充分支持摩洛哥争取民族独立的斗争。刚刚独立的摩洛哥在经济上并没有独立，经济命脉仍然控制在法国人手里。摩洛哥国王穆罕默德五世希望同中国建立友好关系并发展双边贸易，从而在经济上壮大自己。两国间的贸易是从中国出口茶叶和摩洛哥向中国出口磷酸盐开始的。

摩洛哥人酷爱喝茶，还特别钟情中国绿茶，这也许是从伊本·白图泰时代就养成的习惯了。摩洛哥人喝茶的方式和中国人沏茶的方式大不相同。他们把茶叶和鲜薄荷叶子放在一起煮沸，然后再加上砂糖。因为他们大量食用牛羊肉，这样的茶可以去油解腻和帮助消化，有健胃提神之功效。所用的茶多为绿茶，最好是比较新鲜，但不一定要档次很高的。中国茶叶自 13 世纪传入摩洛哥后，摩洛哥人不可一日无茶，甚至不可一餐无茶。茶在摩洛哥人招待客人、节日庆典、红白喜事、亲朋小聚时是必不可少的，再加上考究的茶具、夸张的斟茶方式，配有各式各样的精美糕点，热情友好、亲切诚挚的气氛感染着每一个在场的人。中摩建交初期，摩洛哥每年需要从中国进口 1.2 万吨茶叶，平均每人 1 公斤。现在，摩洛哥每年从中国进口的茶叶均在 4—5 万吨左右。如果你到摩洛哥，赠送给摩洛哥人一盒地道的中国绿茶，那将被视为最珍贵的礼物。摩洛哥人喝茶和欧洲人喝咖啡一样，是个人休憩、享受，也是待客、社交之道。一杯茶能喝上个把小时，慢慢品用，显得十分悠闲。我在摩洛哥常驻时发现，许多摩洛哥人家都在客厅的显眼位置陈设中国瓷器，有不少还是明清古董，其中必有一套精美的中国茶具，叫"希尼亚"（Ceniya），就是"中国的物件"的意思。

由茶叶开启的中摩经贸关系 60 年来稳步发展，两国贸易额 2014 年和 2015 年均接近 35 亿美元。中国的产品物美价廉，深受摩中低收

程涛大使与摩洛哥小朋友在一起

入消费者的青睐，摩托车、家用电器、纺织品、五金工具等十分畅销。2015 年 11 月，"中非企业家峰会"在马拉喀什举行，部分非洲国家领导人、30 多家非洲企业和 100 多位中国企业家与会。我有幸应摩洛哥工业和贸易大臣邀请参加会议，见证与会者拓展中非合作的积极性。会议促进了企业间的相互了解，并达成多项合作。目前，有几十家中国公司和数千中国人在摩洛哥扎根，两国在渔业、通信、工程承包、金融和新能源领域的合作正在不断深化。

中摩关系历久弥坚

摩洛哥与中国之间长达 7 个世纪的交往和友谊在近 60 年来又有长足发展，建立在相互尊重、相互信任和平等互利基础上的两国关系日益深化，两国在各领域的互利合作硕果累累。我在 2003 年到 2006 年底出使摩洛哥期间，见证和参与推动了两国关系稳定健康发展的一段进程，这令我终生难忘。

常相知，不相疑

摩洛哥是君主立宪国家，与我国的社会制度有很大差别。我们坚持不同社会制度国家和平共处的五项原则深受摩洛哥的欢迎。1963 年 12 月周恩来总理对摩洛哥的访问，政治影响久远。1999 年和 2002 年，江泽民主席和穆罕默德六世国王成功实现互访；2006 年，胡锦涛主席访问摩洛哥；2016 年，习近平主席在北京接待了穆罕默德六世国王。双方高层领导常来常往，相互了解、信任和友谊不断深化。摩洛哥十分看重中国的大国地位，对我国重要代表团访问十分重视。2002 年 11 月我担任外交部非洲司司长时，我们在摩洛哥召开有 30 来位驻非洲大使参加的使节片会，摩方认为这是看得起他们的表现，给予高度重视和很高的礼遇。摩洛哥外交大臣特意举行宴会，招待中国大使们。摩洛哥外交部安排与会大使到外地参观访问，并派警车开道。国王派专机接送杨文昌副外长等到马拉喀什并予以会见。我在摩洛哥担任大使期间，吴邦国委员长、胡锦涛主席于 2005 年 9 月和 2006 年 4 月先后访摩。中国新领导班子的一、二把手 7 个月内相继访摩，令摩方深感自豪。当然，更重要的是最高领导者之间的直接沟通所产生的巨大影响。胡主席与穆罕默德六世国王、杰图首相、拉迪众议长和奥卡沙参议长举行了会谈、会见，就进一步扩大和深化中摩友好合作及共同关心的问题与摩方交换了看法。两国有关部门签署了旅游、医疗卫生、文化、经济、科技等领域的合作协定以及有关中国进口摩磷肥的合同书，摩方对此广为宣传。新世纪中国国家元首首次访摩，已成为两国关系史上一个重要里程碑。摩洛哥从不拖欠中国贷款，无论是无息贷款还是优惠贷款，到期主动偿还。摩方也从来没有主动向中方提出贷款要求。摩方看重的是中国的分量、

摩洛哥婚礼

中国的平等待人和中国建设成就、经验以及对中摩关系的重视。

摩洛哥人普遍对中国友好。有些人有时因某事可能会对中国产生某种误会，但很容易化解，因为他们渴望了解中国，不拒绝真理。2005年第一季度，中国对欧洲纺织品出口快速大幅增长，而作为摩洛哥重要对欧出口商品的纺织品的出口额却在同期下降了30%，加之中国对摩商品出口突增，摩洛哥有些媒体开始喊起"中国威胁论"，甚至转载一些西方国家抹黑中国的负面文章。我们使馆认为，他们是由于无知，而非出于偏见。为此，我们加大宣传力度，大使带头主动接受媒体采访，到处演讲作报告，参加座谈、讨论、辩论会。中国使馆与摩洛哥政府和经济部门在首都共同举办有关中国情况和中摩关系的大型研讨会。我们还专门邀请摩洛哥有分量的报纸主编和资深记者访华。三个月后，"中国威胁论"销声匿迹了，取而代之的是"中国机遇论"。摩洛哥最大的经济日报主编到中国考察访问后，对中国的看法有了180度的大转弯。他说，他原来总以为摩洛哥的发展不比中国差，而且还因为有许多地方超过中国而得意洋洋。在中国十多天的所见所闻让他大开眼界，感慨万千。离开中国返回摩洛哥的飞机上，他就写了一篇文章，题目是"当世界都讲汉语的时候"，此文中心意思是，中国太了不起了，摩洛哥对中国望尘莫及，应努力在各方面向中国学习。后来他到大使馆拜会我，谈了他的访华感受，还送我他回国后写的关于中国的几篇文章。我对他说：你的那篇《当世界都讲汉语的时候》应该换个题目，叫"中国归来泪满襟"。过去你对中国不理解，从西方媒体那里得到的有关中国的情况多数是片面的，有些是被刻意歪曲了的。所以，以前你认为中国什么都不行。百闻不如一见，见到中国的发展成就，你很惭愧摩洛哥不如中国。我说，其实中国还有许多不足之处，比如说快速发展带来的东西部地区发展不平衡、城乡差别大、贫富悬殊、环境污染、经济结构不合理等，我们在不断努力实现科学发展。主编又被感动了一次。他说：我过去在报上说中国不好，大使也在报上发表文章为中国辩护。现在我说中国什么都好，你又告知我中国还有许多不足。大使太伟大了，总是实话实说。从此，他对我特别信任，似乎我说的每一句话他都认为是"真理"了。后来，他写了一系列的积极介绍中国和中摩友好合作的文章。摩洛哥人向摩洛哥人介绍中国，其效果是一句话顶我们十句话。摩洛哥人都渴望了解中国，凡是到过中国的摩洛哥人都会对中国刮目相看。2005年，有近6000名摩洛哥公民访问中国，比2003年增加一倍。

在坚持"一个中国"立场上有上乘表现

摩洛哥政府"一个中国"的立场是一贯的、坚决的。在这个问题上，有几个突出的例子的确令我感动和感激。

2003年6月底，"全球妇女峰会"在摩洛哥马拉喀什举行，台湾当局派出以"新闻局副局长"为首的代表团。我找到摩外交部和妇女组织负责人做工作，坚决要求阻止台团与会。摩方碍于此会系非政府组织搞的，认为完全阻止困难和风险太大。经我以原则、情理、利害反复交涉，摩方决定采取果断措施，拒绝台团入境。结果，台团一行4人在卡萨布兰卡机场待了一夜后，被迫乘飞机经阿姆斯特丹返台。在会场里，"中华民国"伪旗被摘掉，换上了五星红旗。会议组织方对此表示不满，但摩方顶住了压力。台湾报纸说是"中共外交部"给姓程的大使下了"只要台湾突围成功，程涛立即提头回北京"的死命令。有台湾报纸这样写道：据了解，"外交部"（台湾）经过多日查证，目前已掌握这次事件背后系中国驻摩洛哥大使程涛一手主导，知情官员透露，程涛对台湾"恨之入骨"，会有此举并不意外。李雪津一行于6月底经30小时飞行抵达摩洛哥首都卡萨布兰加（原文如此），却被机场海关留置一天后，被迫离境，原本预订的旅馆也被不明人士退掉。 一行人不得不取道荷兰阿姆斯特丹返台。官员透露，程涛过去是中国外交部非洲司司长，任内曾代表中国出席在我"友邦"布基纳法索举办的非洲国会议员联席会，但因不愿与当时我"外交部长"胡志强同台，愤而退席，并引为奇耻大辱，此后就在非洲各国挖我墙脚不遗余力。

我当然没有接到所谓"提头回北京"的命令，也不是对台湾"恨之入骨"，只是与摩洛哥朋友一起维护了"一个中国"的原则。其实，即使中国大使的工作力度再大，没有摩洛哥方面坚持"一个中国"的坚定立场和鼎力协助，也是枉然。

2004年3月4日在台湾召开的国际自由联盟大会，摩洛哥"宪政联盟""人民运动""人民联盟"三党系联盟成员，接到邀请并决定派团出席，其中两个团已订好了机票。经我做工作，宪政联盟总书记阿贝耶特对我表示：他是中国的朋友，只承认中华人民共和国。由于宪联是国际自由联盟成员，不能拒绝邀请，将派一非政治局领导报名与会。但为避免被台湾利用，该团出发前将临时因故取消此行。宪联愿与中国共产党发展友好合作关系。我们及时向中联部作了通报，并推动两党关系。

2005年4月在摩举行的国际妇女理事会大会，由于我们把工作做在前头，摩外交部指示其驻外使馆，在会前两个月和会议期间不给持台湾护照者发放入摩签证，无论申请者以何种理由。但是，台湾代表团采取提前三个月办签证的狡猾手段进入了摩洛哥。我在获得台湾代表团抵达会场的消息后，马上要求摩外交部干预，同时向大会组织者交涉，阻止台团与会。大会秘书长（法国人）找出许多理由推三阻四。摩妇女组织负责人表示，摩是开放、讲礼仪的国家，台湾人既然已入境了，不好撵他们走。我表示，摩政府曾发指示不给台湾团发签证，他们采取不正当手段入境是违背摩政府意志的。不过，他们既然已入境，还是以礼相待，可安排他们去马拉喀什旅游。摩方采纳了我的建议，第二天送台湾代表团一行赴马拉喀什参观。台湾代表团对此十分不满，于第三天一大早乘飞机离开了摩洛哥，旅馆房费还是摩洛哥外交部代付的。

我们曾14次打掉台湾加入联合国提案、11次挫败台加入世界卫生组织提案等，都得到摩洛哥的鼎力支持。阻止台湾代表团参加在摩洛哥举行的国际会议，摩方从王官典礼局、外交部到边防、海关，都给予友好和有力的配合和支持。

瓷器传友谊，方寸写新篇

2008年11月7日，世界首枚陶瓷邮票小全张暨中国与摩洛哥建交50周年外交特种纪念封揭幕仪式在福建泉州德化举行。我以中国人民

中摩建交 50 周年丝绸镶瓷邮票小全张

外交学会副会长和前驻摩洛哥大使身份，有幸应邀参加这一具有历史意义的活动，共同见证中摩两国传统友谊的传承延续。

为纪念中摩建交 50 周年，体现两国之间的传统友谊，摩洛哥王国邮政局特地发行了世界首枚陶瓷邮票小全张。这套《中华人民共和国和摩洛哥王国建交 50 周年》丝绸镶瓷邮票小全张，是世界上第一套将丝绸和瓷器两种元素结合起来的外交邮票。邮票选用福建德化白瓷、苏州丝绸、安徽泾县宣纸为材料。选取福建泉州德化白瓷作镶嵌瓷器，是因为泉州在中国与非洲特别是与摩洛哥交往史上占有特殊的地位，摩洛哥大旅行家伊本·白图泰 600 年前就是从这里开始认识中国的，而德化的瓷器又是伊本·白图泰极力向世界推介的中国"神奇绝伦的物件"。

D'élice

CHINE

Il est à l'initiative de la visite histori-
que du Président Chinois au Maroc. On
lui attribue également le grand rap-
prochement commercial du Maroc et de
la Chine (les échanges ont augmenté de
60% en trois ans).

À l'issue de son mandat au Maroc, S.E.M.
Cheng Tao, Ambassadeur de Chine, a
voulu nous montrer une autre facette de
ses nombreux talents. C'est que
l'Ambassadeur n'a pas la langue dans sa
poche... ni ses baguettes dans le tiroir.
Sacrifiant volontiers le protocole pour la
toque blanche du cuisinier, M. Cheng Tao

nous rappelle, non sans une pointe de
malice, que les plus grands chefs sont
des hommes et que la cuisine chinoise
est l'une des plus appréciées au monde."

"Un repas chinois est considéré comme
réussi si le cuisinier a pu allier la finesse
de la présentation, le mélange subtile-
ment balancé des quatre goûts fonda-
mentaux (sucré, salé, amer et acide)
sans pour autant concéder l'équilibre
nutritionnel."

Pour nos lecteurs et quelques amis pro-
ches, il a conçu son "repas idéal".

Diplomatica   44

摩洛哥《外交》杂志
刊登的程涛大使展示
中国烹调文化的文章

　　纪念邮票一套三枚，以中国和摩洛哥具有代表性的建筑为图案，古老的中国万里长城和摩洛哥皇城展现了两个文明古国的历史魅力。小全张的背景图选用伊本·白图泰到达中国的航线图，别具匠心地让两国人民展开中摩传统友谊的历史思绪。

农业学中国

　　自然条件得天独厚的摩洛哥是农业国，农业发展潜力很大，但未被充分利用。摩洛哥街上的菜品种不是很多，比如中国的小油菜、顶花带刺儿的黄瓜等，这里都没有。非洲的黄瓜很粗，但味道不好。于是，我们便从国内带菜籽到那儿去种，结果种什么长什么。摩洛哥人和法国人都不知道什么是冬瓜。我们使馆馆员种冬瓜，只让一棵冬瓜秧上长两个冬瓜，到收获时，一个冬瓜一般都能长到 10—15 公斤。有一次，我请美国大使吃饭时做了一道冬瓜菜，他也不知道何为冬瓜，就让我领他看菜地。他看了很佩服，说中国人到哪儿都能自力更生，同时，也惊叹摩洛哥农业发展条件的优越。摩洛哥人不知道什么是苦瓜，当然也没有吃过。我们使馆的同志从国内带了些苦瓜种子，使馆种不下，就把种子撒到荒郊野外。很快，我们就在许多地方发现苦瓜长势良好，结了很多瓜。摩洛哥人对这种看起来样子丑陋、吃起来味道苦涩的东西毫无兴趣，而中国人则定期去收获果实。

摩洛哥到处都是果树，橘子树更比比皆是。因为自然条件好，摩洛哥人的生存压力并不大，因此发展农业的欲望也就不太强烈。有一年，摩洛哥农业大臣率领一个大型代表团访问了中国以后，非常赞赏中国的农业发展方式和成就。回国后他打了一个内部报告，文件中说，摩洛哥农业发展的出路是走中国的农业发展道路。我跟摩洛哥农业部长讨论这个问题的时候，很坦率地说：我们的方式你们学不了，国情不同，人情不同。在中国，农民把种子种下去，经过很长时间辛勤、细致的田间管理，精耕细作，最后才有可能获得好的收成。而摩洛哥的农民把种子撒下去以后就不管了，他们每天祈祷，从撒种子到收获之间大量的田间管理工作"全让真主来干"，自己就等收获了。另外，在摩洛哥可以看到大片的土地上没有庄稼，因为你们土地多，采取轮作的方式。这块土地总使用就不肥沃了，需要耕种另外一块土地。一两年后，等这块土地长满了草，一把火把草烧了，把地翻了，再回来种植。这在中国就不行。中国要用占世界 7% 的可耕地养活占世界 22%—23% 的人口，压力太大。因此，我们有饥寒交迫的威胁，需要充分利用土地，不得不干那些"面朝黄土背朝天"的累活，而摩洛哥人就没有这样的压力。摩洛哥农业大臣对此深有所悟。

摩洛哥是一个领土狭长的国家，面积 44.66 万平方公里，陆地边界线和海岸线几乎差不多长，均长达 2000 公里。北部和西部被地中海和大西洋环抱，海洋资源极为丰富。摩洛哥盛产鱼虾，然而摩洛哥人更青睐牛羊肉，食用鱼虾不多，这也许与他们祖先的游牧习惯有关。宴请贵宾时如果上鱼，往往被看作不够档次，甚至认为比较寒酸。多年来，中国和摩洛哥在海洋捕鱼方面的合作卓有成效。中国公司和摩洛哥公司合作捕鱼的船有几十艘，产品除供应国际市场外，每年也有大量海产品运回中国国内，深受消费者欢迎。摩洛哥人不识海参，更不食海参。在摩洛哥的许多中国人常常在退潮的晚上到海边抓海参。每年 5—10 月间，每当月圆和月缺，海水退去时，海岸边的礁石附近就会有许多海参爬出来"乘凉"，用手电筒一照，伸长懒腰的海参就立即收缩身体，人们"唾手可得"。有的大海参一条就有一公斤多重。运气好的时候，在潮落潮涨的两个小时内，一个人能捡上百条海参，大多数都是质量上乘的"刺参"。在海边，到处可以捡到小鲍鱼、海虹、海螺，晚上用电筒照着抓螃蟹也易如反掌。在摩洛哥，只要勤快一点，常到海边转转，海鲜是断不了的。我在摩洛哥的时候，韭菜炒鲍鱼、阿香婆炒海螺、海参饺子、清蒸海虹都是使馆馆员们的家常便饭。

我和摩洛哥结下不解之缘

我在外交部长期从事对撒哈拉以南非洲的工作，对北非国家了解不多。好莱坞著名演员亨弗莱·鲍嘉、英格丽·褒曼主演的电影《卡萨布兰卡》（又译《北非谍影》）使我对摩洛哥产生了浓厚的兴趣。在摩洛哥的四年，的确让我对这个多姿、多彩、多情、多元的美丽国度情有独钟。

离任时，我有一种恋恋不舍的感觉。我对摩洛哥的首相和几乎所有的内阁大臣进行了辞行拜会。在摩洛哥，不是所有辞行的大使都可以见国王的，国王经常不在首都。偶尔，国王也在外地见大使。在我之前离任的意大利大使就没有受到国王的接见，我也没有提出见国王的要求。在我离任前一周，摩洛哥外交部专门为我举行了一次欢送宴会，邀请使团长和部分驻摩大使参加。礼宾司长在宴会结束时送给我一个纪念品，并说国王可能要见你，但时间没有定，请你等一等。过了一天，王宫典礼局通知我说，国王明天要在马拉喀什见你，给你授勋。于是，我在当天驱车到了离首都 300 多公里的马拉喀什。国王会见和授勋定在第二天上午 10 点钟。

我在马拉喀什住了一晚上，第二天上午 10 点前，外交大臣到宾馆和我一起等着国王接见。结果等到 11 点还没有消息，我和外交大臣只好一边喝咖啡聊天，一边等待。又过了半个小时，王宫典礼局长打电话说，国王因故今天不见大使了，可能改在明天。我说那就回去吧。典礼局长让外交大臣转告我，国王要派专机送我回拉巴特。我说那就不用了，我的车还在这里，就乘车回去吧。他说不行，这是"圣旨"，让你的司机自己开车回去吧。就这样，我把司机放回去了，同外交大臣一起坐国王派的专机回到拉巴特。然后，国王的飞机就停在拉巴特机场，等我第二天再去马拉喀什。

晚上 10 点左右，外交大臣打电话给我说，大使阁下，有个特殊情况，实话告诉你，国王生病了，重感冒，正在发烧，医生让他一个礼拜不要有外事活动。因此，我很不好意思请你把回国时间推迟一个礼拜，国王还是要见你的。我说那就算了吧，很抱歉，因为我机票都订了，要授勋的话请你让摩洛哥驻华大使馆转交给我就行了，我还是按期回去。我请外交大臣转达对国王诚挚的谢意。

第二天清晨，王宫典礼局长打电话来说，国王决定今天见你。我说不好意思，国王陛下不是生病了吗？他说，由于你改不了行期，陛下就只好带病见你了。我说非常抱歉。我心里也很别扭，好像我这个人有点不太讲理似的，多待几天都不干，硬要走。我其实是要按时回国，担心

穆罕默德六世国王为程涛大使授勋

推迟行期会引起国内有人误会。后来，我乘国王派的专机又到马拉喀什，国王见了我，还授了勋。他们告诉我说，这一天国王就只有这场活动了，这一个礼拜国王可能也就这一次对外活动了。国王见了我后就回行宫去了，他的确是生病了。回来的时候，外交大臣和典礼局长都陪着我，把我送回拉巴特。

第二天，报纸头版头条的新闻都是国王见了中国大使，并刊登了国王给我授勋的照片。对于这次会见，我是很感动的——国王在生病的时候会见了我，而且还给我授勋。国王授勋的时候还讲了几句令我受鼓舞的话。他说，你是一个非常活跃、非常能干的大使，你为我们两国的关系做了很多工作。摩洛哥的老百姓和大臣们都喜欢你。接着，他对站在

的话。他说，你是一个非常活跃、非常能干的大使，你为我们两国的关系做了很多工作。摩洛哥的老百姓和大臣们都喜欢你。接着，他对站在一边的外交大臣说，以后要经常请大使到摩洛哥来做客，你要记住啊。外交大臣说是，是，一定。我也讲了感谢的话，说我在任期内能够完成任务，多亏国王陛下多方的关照和外交部大力的支持，令我由衷感谢。请国王陛下放心，从此你们在北京又多了一个"大使"，一个大使是陛下任命的，另一个大使是我毛遂自荐的。我将是摩洛哥驻华的一名民间的、志愿的、义务的"大使"。我一定继续为中国和摩洛哥之间友好合作关系的进一步发展作出我的微薄贡献。国王把摩洛哥王国大阿拉维高级将领勋章别在我的胸前，还授予证书。国王和我握手时，我明显地感到国王的手很烫，他的确正在发烧。

自 2007 年至今，应摩洛哥政府的邀请，我多次返回摩洛哥，参加各种研讨会、参观访问和文化活动。我也不遗余力地在全国各地不同场合和在媒体上宣传摩洛哥。我和摩洛哥驻华大使的关系相当密切，共同为推动两国关系而努力。穆罕默德六世 2016 年 5 月访华，我被邀请出席习主席为国王举行的欢迎宴会，见到了国王和许多熟悉的老朋友，畅叙友情，格外高兴。我也高兴地看到，中国去摩洛哥旅游的人越来越多，最近几年每年都超过 1.5 万人。摩洛哥人渴望了解中国，凡是到过中国的摩洛哥人都会对中国刮目相看。近些年来，每年有近万摩洛哥公民访问中国。2014 年，有 823 名摩洛哥留学生在中国学习。

在摩洛哥的所见、所闻、所感、所思，使这片别具特色的神秘热土永远让我眷念。摩洛哥是一本书，十分有趣；摩洛哥是一幅画，非常美丽；摩洛哥是一杯咖啡，香醇浓郁，值得你去阅读，去欣赏，去品味。

从绿茶说到摩洛哥的中国缘

贾法尔·阿尔热·哈基姆（摩洛哥前驻华大使）

摩洛哥前驻华大使哈基姆

　　7月30日是摩洛哥的国庆日，也称"登基日"。国庆日是全世界摩洛哥人最重要的节日之一。这一天，在中国的北京庆祝我们祖国的生日，让我感慨颇多。

　　知道摩洛哥人每天必喝的饮料是什么吗？是中国绿茶。不是随便什么茶都可以，必须是中国绿茶。每天，几乎所有摩洛哥人都会喝五六次茶。摩洛哥与中国之间的缘分就这么随着点点滴滴的绿茶不断流淌着。

摩洛哥与中国绿茶的缘分始于200多年前。当时，英国商人把这种神奇的饮料介绍给了我们。200多年过去了，中国绿茶已经成为摩洛哥人日常生活不可或缺的一部分。摩洛哥也成为最早从中国进口绿茶的国家。我们曾尝试在自己的土地上种植绿茶，但是效果不太好。现在，我们的绿茶产量只占摩洛哥市场的15%—20%，其余超过80%的绿茶都要从中国进口。所以，不难理解为什么摩洛哥是中国茶叶的第一大海外市场。

其实，不仅仅是中国绿茶，中国餐具也是摩洛哥人熟悉并热爱的。我们常说，每个摩洛哥家庭都必须拥有一套中国餐具。这些餐具要用在招待客人的场合。

对于摩洛哥人而言，中国绝不只是一个抽象的概念。摩洛哥与中国的缘分可谓源远流长。大家都熟知马可·波罗，这位意大利商人13世纪游历中国后写成的《马可·波罗游记》影响深远。我们摩洛哥也有这样一位著名的旅行家——伊本·白图泰。14世纪，他的足迹留在了40多个国家的土地上。在中国，他停留了三年之久。摩洛哥学者根据他的经历写成的《伊本·白图泰游记》，让摩洛哥人对中国这个遥远的国度不再感觉陌生。

有了这份缘，就不难理解摩洛哥与中国何以能一直保持着良好的关系。1958年，仅仅在脱离西方列强的控制成为独立国家之后两年，摩洛哥就与新中国建立了外交关系。摩洛哥是继埃及之后第二个承认中华人民共和国的非洲国家，我们当时的国王作出了非常英明的决策。2008年，我们隆重庆祝了摩中建交50周年。如今，摩中两国关系正走在一条平稳健康发展的道路上。

目前，中国已经成为摩洛哥第三大进口来源国。不过，我们双方的交流合作绝不仅限于贸易领域。摩洛哥与中国的文化有很多相似之处，比如我们两国的传统医学都很注重草药。事实上，中医在摩洛哥非常受欢迎。许多摩洛哥人专门来中国进修，取得中医专业的学位后再回国行医。我们与中国还有卫生方面的合作项目。现在，有130多位中国医生被派驻在摩洛哥，成为摩中两国关系进一步发展的白衣使者。

中国是一个很了不起的国家。无论是2008年的北京奥运会还是今年的上海世博会，中国都向世界展示了自己的风采。我亲眼看到了上海世博会的场馆所在地从破旧的渔港转变成现在的美丽风景。这翻天覆地的变化令人惊叹。

摩洛哥是世博会的常客。此次上海世博会上，摩洛哥是唯一一个建造自己国家场馆的非洲国家。中国官方数据显示，摩洛哥馆是仅次于中国馆的最受欢迎的国家馆之一。9月30日是摩洛哥的国家馆日，摩洛哥会派出高规格的代表团来华。这无疑将成为一次加强摩中关系的极好机遇。

（本文原载 2010 年 7 月 30 日《人民日报·海外版》）

友谊是恒久不变的
—— 摩洛哥友好回忆杂记

许镜湖（中国政府非洲事务特别代表，前驻马达加斯加、摩洛哥、瑞士大使）

> 许镜湖大使夫妇在好友阿齐兹（右1）家做客。桌上是摩洛哥传统美食"古斯古斯"。

摩洛哥是第二个与新中国建立外交关系的非洲和阿拉伯国家。自1958年11月1日建交以来，两国人民已相携相守共同走过一个甲子。

中摩相距遥远，但距离难以阻隔双方。据文字记载，早在公元8世纪我国唐朝时期，中摩友好的先驱就不远万里开始了交往。此后千余年，双方交流日益密切，两国文化也日渐相鉴相融。中国民众可能很难想象，

许镜湖大使和摩中友协的朋友们在一起。

远在万里之遥的摩洛哥是以中国绿茶为国饮的国家，是中国绿茶的第一大进口国。摩洛哥姑娘结婚时，用来盛装"古斯古斯"（手抓饭）的中国大瓷盘是必备的嫁妆。这种大瓷盘在中国市场上已经绝迹，可在摩洛哥依然畅销，是家家户户日常必备的餐具。摩洛哥人饮茶时用的镀银托盘，发音竟然就是"中国"的谐音。摩洛哥女装上的盘扣，与中国旗袍的盘扣十分相似。摩洛哥人崇尚宗族伦理、道义、感情，中摩传统文化也很接近。

摩洛哥朋友经常说，摩洛哥人对中国有一种天然的亲近感。我深为赞同，因为我也有同感。确实，中摩之间的亲近不是无本之木，而是有根有源，源远流长！如今，历经千余年岁月的淬炼和历史的沉淀，中摩友好潜移默化，更加深入人心，成为两国人民倍加珍惜的共同宝贵精神财富。

在我去摩洛哥任职之前，凡是去过摩洛哥的同事或朋友都向我介绍说，摩洛哥人对中国特别友好。因尚无体会，我听后一笑了之，没太在

许镜湖大使
拜会摩洛哥
国王顾问阿
祖莱。

意。当我身临摩洛哥并有机会近距离接触摩洛哥民众后，我才对此有了真真切切的感受。

我在摩洛哥任职将近四年，交了许多朋友。摩洛哥皇家科学院终身院士塔兹先生，倾力于研究曾于 1346 年游访中国的摩洛哥旅行家伊本·白图泰。他一生对华友好，90 多岁高龄时还由孙女陪同，坐着轮椅访问了中国，在上海外国语大学向学生们介绍伊本·白图泰。如今，塔兹先生已经作古，但他的子女接过了对华友好的接力棒。2016 年秋，塔兹先生的大女儿、摩洛哥著名专栏作家萨尔瓦踏着父亲的足迹寻访中国，临别时激动地说："我和父亲一样，非常喜欢中国，我一定会再来的。"穆罕默德六世国王的顾问阿祖莱先生是滨海城市索维拉人，相传中国绿茶就是从这个城市传入摩洛哥的。阿祖莱先生积极推动在索维拉创建茶文化博物馆，孜孜以寻中摩茶文化共同之源。好朋友阿齐兹先生一家，女主人阿米娜年过五旬仍在苦读中文，还把从小在法国读书长大、已获硕士学位的小女儿里塔送到中国攻读国际金融博士。里塔在华五年，学业现已进入论文答辩的最后阶段，她对中国的了解和感情亦与日俱增。

许镜湖大使与摩洛哥银行家本杰伦交谈。

拉巴特穆罕默德五世大学法兰西文学教授卡丽玛女士，2009 年甫同中国接触便爱上了中国，其在卡萨布兰卡哈桑二世大学任教时大力推动成立了摩洛哥第二所孔子学院，目前她已被任命为穆罕默德五世大学孔子学院摩方院长，同时还是摩中友协的铁杆骨干。还有摩洛哥—中国友好协会名誉主席阿尔当先生、与中方合作良好的银行家本杰伦先生，等等。中摩两国人民间的友谊真诚热烈、代代传承，充满了蓬勃旺盛的生命力。中摩建交 60 年来，两国关系历久弥新，发展得越来越好，这些摩洛哥友人们功不可没。

我于 2013 年春离开摩洛哥，迄今已近五载。然而，任时光荏苒，山水相隔，我总觉得，我离摩洛哥仍然很近很近，近在心里。经常地，摩洛哥朋友们的音容笑貌会在不经意间浮现眼前，我们之间的友谊没有因为时间的流逝和空间的阻隔而疏淡，相反，却因为分别后彼此的牵挂和惦念而更加深沉和绵长。我和摩洛哥朋友间的友好轶事不胜枚举，我一一深深地珍藏在心底。

许镜湖大使夫妇同阿尔当及其女儿玛雅
在中国使馆国庆招待会上。

　　摩洛哥—中国友好协会名誉主席阿尔当先生是我众多摩洛哥朋友中
最年长的一位。阿尔当先生生于 1921 年，已年逾 96 岁高龄。我对我们
之间的友谊倍加呵护和珍惜。尽管离摩已近五年，我们一直保持着联系，
我们共同的好朋友卡丽玛经常向我传递阿尔当先生的最新信息。最近，
使馆一位年轻同事代我专门前往看望了阿尔当老先生，老人家非常高兴，
颇多感慨，并请这位同事转告我："友谊、友情，世上总有一些东西是
恒久不变的。"

　　阿尔当先生是摩洛哥家喻户晓的传奇式人物，他既是一位政治家，
也是一位著名的作家和画家。与阿尔当先生之间的友好交往和友谊，给
我留下许多难忘的美好记忆。我愿借此机会与朋友们分享其中的点滴。

　　初识阿尔当先生，是在 2009 年我到任后不久的一个冬夜，摩洛哥友人塞拉克上校为我举办欢迎晚宴。当天虽然天气很冷，但上校家嘉宾云集，现场气氛热烈。我刚刚抵达，上校夫妇便激动又神秘地告诉我，今晚"阿特拉斯雄狮"也要来。"阿特拉斯雄狮"？见我有点不解，上校便迫不及待地告诉我："他叫阿尔当，柏柏尔人，英勇无比，被誉为'阿特拉斯雄狮'，他是我们摩洛哥的民族英雄……"

塞拉克上校的介绍使我对结识阿尔当充满了期待，我在脑海里快速勾勒着想象中这位英雄的轮廓。上校话音刚落，只听得人群中爆发出一阵欢呼，我猜想，一定是阿尔当到了。我随塞拉克上校夫妇赶紧迎上前去。这是一位身材瘦小、精神矍铄的老人，身穿传统摩洛哥白色长袍，头缠柏柏尔特色头巾，饱经沧桑的脸庞上，一双明亮的眼睛深邃、坚毅，一看就是一位有故事的老人。我和阿尔当先生作为主宾相挨而坐，虽是初次见面，却一见如故，整个晚上相谈甚欢。交谈中得知，阿尔当先生还是摩洛哥—中国友好协会的创始人兼主席，早在30多年前，他就和朋友们发起创建了这个协会。这既使我颇感意外，也使我对这位老先生更加肃然起敬。

我与阿尔当先生从此就成了好朋友。我们交往颇多，我几次去他家拜会、看望，也曾多次在使馆接待他。一来二去，我对老先生的认识和了解也日益加深。

阿尔当先生的老家位于摩洛哥中部阿特拉斯山脉乌尔曼斯地区，这里丘陵连绵，风光秀丽，是摩洛哥优质矿泉水产地。阿尔当先生帐篷里出生、马背上长大，从小无拘无束，养成了勇敢豪放甚至桀骜不驯的性格。阿尔当曾加入法国军队，打过游击，受过伤，蹲过监狱，为摩洛哥的民族独立作出了贡献。摩洛哥独立后，阿尔当受到几位国王的信任和重用，先后出任拉巴特大区区长、国防部长、农业部长、合作部长、邮电部长等要职。阿尔当还是摩洛哥重要参政党人民运动的创始人。

每次见到阿尔当先生，交谈中他都会提及他的爱妻梅莉雅姆，可我

许镜湖大使夫妇和使馆工作人员与阿尔当、卡丽玛（左2）、塞拉克上校（左3）夫妇以及乌尔曼斯当地官员合影

从来没见过她。时间久了，我们更熟悉了，我小心翼翼地问他，方知梅莉雅姆得了阿尔茨海默症，已卧病多年，成了植物人。梅莉雅姆祖籍法国，出身贵族。上世纪40年代，梅莉雅姆的父亲受法国当局指派赴摩洛哥任职，梅莉雅姆随家人一起在乌尔曼斯生活过一段时间，期间认识了阿尔当。梅莉雅姆返回法国后，两位年轻人很长时间失去联系。直至有一天，在法军服役的阿尔当在街上偶遇梅莉雅姆的父亲，两人遂恢复联系。阿尔当返回摩洛哥后，梅莉雅姆不堪相思之苦，背着家人只身前往摩洛哥，两位有情人终成眷属。

许镜湖大使看望摩洛哥皇家
科学院终身院士塔兹先生。

更让我深受感动的是，梅莉雅姆同样也是一位中国的老朋友，长期致力于摩中友好事业。阿尔当先生回忆说，大概在 1964 年，梅莉雅姆担任摩洛哥文化部长的时候，接到了中方的访华邀请。当时，年轻的新中国正处于西方的孤立和围堵中。得知梅莉雅姆要去中国，美国方面十分恼怒并百般阻挠，甚至扬言，如果她执意去中国，以后就别想再踏上美国的土地。梅莉雅姆不为所动，顶住巨大压力坚持前往中国，以义无反顾的友好之举在摩中友好交往史上书写了一段佳话。因久病医治无效，梅莉雅姆已于 2014 年逝世。当时，阿尔当先生委托卡丽玛将这一不幸的消息通知了已在瑞士任职的我。闻此噩耗，我潸然泪下，随即给老先生发去了唁电，表达对梅莉雅姆这位中国老朋友的深切缅怀和哀思。

尽管年事已高，作为摩中友协主席，阿尔当先生仍不知疲倦地参与各项涉华友好活动。阿尔当先生住在首都拉巴特，与友协所在的摩第一大城市卡萨布兰卡相距 120 公里，但无论是友协开会还是卡萨布兰卡哈桑二世大学孔子学院揭牌，凡是涉华重要场合，人们都能见到他的身影。中国大使馆举行招待会、文化演出或社会公益活动，老人家也总是有请必到。记得 2012 年底摩中友协换届，考虑到他的身体状况，友协其他负责人曾征询他的意见，是否需要退下来安度晚年。阿尔当先生坚决不同意。他说："做促进摩中友好的事情，怎么可以退休呢？！"拗他不过，摩中友协再次邀请他担任了名誉主席。

我曾问及阿尔当先生当初为什么要创立摩中友协，老先生说："没有为什么，友好是不需要理由的。"他补充说，"摩洛哥需要一位哪怕远如中国这样的朋友。"

阿尔当先生对他的家乡乌尔曼斯充满感情，也希望乌尔曼斯发展与中国的地方合作。2013 年春，在离任之前，我和我先生应邀去了乌尔曼斯。阿尔当先生邀请当地主要官员出席了所有活动，向他们介绍遥远的友好的中国，并提出双方开展合作的建议，在故乡的沃土上播撒下中摩友好的种子。在阿尔当先生和当地官员的陪同下，我们参观了著名的水厂、丰沛的草原、颇具规模的牛场，双方认真探讨了开展合作的可能性。

阿尔当先生非常看好中国与非洲特别是与摩洛哥的合作前景，他一直说，"看看中国在非洲做的事情，就知道与中国的合作是对的。与中国的合作会给中非、中摩带来新时代。"阿尔当先生是具有远见的。如今中非关系突飞猛进，中摩友好更加深入，双方合作硕果累累。2016年穆罕默德六世国王访华期间，两国元首共同将中摩关系提升为战略伙伴关系，两国关系进入新的发展阶段。两国在人文领域的交往交流亦更加活跃频繁。如今，在摩洛哥已有三所孔子学院，学习汉语在摩年轻人中已成为时尚。除索维拉茶文化博物馆外，中国文化中心正在拉巴特积极筹建。自 2016 年 6 月起，摩洛哥给予中国公民免签待遇，这一举措极大地方便了中国公民赴摩。中国赴摩游客大幅增加，摩洛哥已成为最受中国游客欢迎的非洲国家之一。我们常说，"国之交在于民相亲"，中摩人民之间往来增加，进一步拉近了两国人民心灵上的距离，夯实了两国关系发展的民意基础，给中摩关系发展不断注入新的活力！

2018 年是中摩建交 60 周年，两国关系发展站在新的历史起点上。新形势下，中摩两国人民正以新的手笔，书写中摩友好新的历史篇章。阿尔当先生曾说："树由根生。摩洛哥与中国都是有根的民族，两国友好也有其根源。"确实，经过双方 60 年的辛勤培育，中摩友好之树已深深扎根，长成参天大树。可以预见，在新的岁月里，在双方共同浇灌下，中摩友好之树必然根深叶茂，结出更加丰硕的果实！

摩中友谊地久天长

穆罕默德·哈利勒（摩洛哥—中国友好交流协会主席）

  1978 年我来到北京，是当时第一个到中国留学的摩洛哥学生。那时中国刚刚对外开放，时任国家领导人邓小平宣布要建设"四个现代化"，即工业、农业、科技和国防的现代化。当时正在求学的我经历了这一重要转变，也见证了这个国家在中国共产党的英明领导下实现的巨大发展。阔别中国 13 年后，1999 年，我随时任摩洛哥首相阿卜杜拉赫曼·优素福先生率领的代表团再次来到中国。当发现北京完全变了样时，我简直惊呆了。除了一些历史景点外，我根本认不出那是北京。当时陪同首相来访的一些记者让我介绍北京，我告诉他们，我现在对北京的了解跟你们一样多，这已经不是我曾经生活过的北京了，它实现了巨大发展，已经成为一个可以跟西方大都市相媲美的现代化城市。和我留学时相比，中国人民的生活水平提高了，生活方式和衣着都发生了变化，汽车也越来越多了。此后每次来到中国，我都能发现中国实现了更大的发展。

  从中国学成回国后，我在拉巴特的军队医院做内科医生。那时摩洛哥人不了解传统中医，而我开始用针灸疗法治疗一些西医无法治愈的疾病。军医院的负责人见识了中医的疗效后，为我在医院开设了中医科，医院其他医生都称我为"中国医生"。后来，我在卡萨布兰卡开设了一家私人诊所。由于不了解中医，人们一开始来到我的诊所时希望通过西医的方式治病，不过后来除了西医疗法，我开始逐步引入中医针灸与推拿疗法。当人们发现中医能够治疗多种疾病并且不会引发副作用时，纷纷要求采用中医针灸治病。如今，我成为摩洛哥这一领域的知名医生。

哈利勒与摩洛哥前首
相班基兰（右）交谈。

　　出于对中国和中国人民的情谊，加上渴望学习借鉴中国经验，我回到摩洛哥后便决定加入马哈朱比·阿尔当先生——摩洛哥一位知名人士领导的摩洛哥—中国友好协会，并成为该协会的理事。2012年，我成为新改组成立的摩洛哥—中国友好交流协会的主席。摩中友协是一个民间组织，致力于加强两国人民在文化、经济、旅游和体育等领域的合作。

　　摩中友协已经接待了多个来自中国的官方和民间代表团，同时也多次向中国派出代表团，参加各种会议。友协在中国及其他国家参加了有关摩中关系的多次会议，推进摩中企业家交流，还举办了摩中友谊论坛。第一届摩中友谊论坛于2016年4月在拉巴特举行，两国友好城市官员、相关机构和企业家参加了论坛。第二届论坛于2018年4月在阿加迪尔举行。友协在推动摩洛哥相关城市、各类机构与中国有关城市之间缔结

摩中友协主席哈利勒与中国驻摩洛哥大使李立在一起。

协定以及发展新的友好城市等方面发挥了重要作用。在文化领域，友协积极推动摩洛哥与中国高校签署合作交流协议，鼓励学术交流和师生互访，在摩洛哥举办了多次讲座和研讨会来推介中国，也多次参加中国推介摩洛哥的研讨会。在旅游领域，友协多次组织摩洛哥企业家赴中国考察，也接待了来自中国的企业家们。

需要指出的是，如果没有中国人民对外友好协会的帮助，摩中友协的许多活动就无法取得成功。中国人民对外友好协会作为我们摩中友协最主要的伙伴，为帮助我们完成任务、便捷我们与中国国内的联系作出了巨大努力，因此，我希望借此机会向该协会及其会长和全体负责人为

2016 年 1 月 27 日，摩中友协在卡萨布兰卡举办"中国阿拉伯友好杰出贡献奖"媒体见面会，摩中友协主席哈利勒（左2）现场展示奖章。摩洛哥新闻大臣兼政府发言人卡乐菲（右1）、与议会关系大臣兼卡萨布兰卡市市长奥玛里、时任中国驻摩洛哥大使孙树忠（右2）等出席见面会。

加强两国友谊和交流作出的努力表示感谢。此外，我还要感谢胡茂元先生领导的上海市企业家协会，他们举办了多次摩中企业家交流活动。

我很荣幸能成为"中国阿拉伯友好杰出贡献奖"十位获奖者之一。中国国家主席习近平在中埃建交 60 周年之际访问埃及（第一个与中国建交的阿拉伯国家）期间颁发了这一奖项。这一奖项激励着我为摩中两国和两国人民的利益继续努力，它既是摩洛哥的骄傲，更体现了中国对摩洛哥的重视和加强两国关系的愿望。

习近平主席在开罗亲切接见了我们，这是我可以一辈子引以为豪的荣耀。我认为，这次接见对我来说是无上的光荣。习主席非常和蔼、平易近人，我用中文向他表达了自己感到无比荣幸的心情，并感谢他给予我这次历史机会。在这里，我要再次对习主席在开罗的接见表示诚挚的感谢，还要感谢中国人民对外友好协会的精心安排。

摩中民间外交在加强国家间关系方面已经发挥了重要作用。由于范围广、效率高，不像官方外交那样受到条条框框的限制，民间外交已经比官方外交具有更深远的影响力。摩中友好交流协会通过在摩洛哥推介中国、在中国推介摩洛哥，巩固了两国在各领域的关系。我们曾在多个场合提醒有关方面，有些障碍影响了两国长期稳固的关系向更高水平发展。我们还多次提到两国间的签证问题。国王陛下在最近一次访华期间宣布，对中国公民给予为期 90 天的免除签证待遇。我们希望中国政府也能对前往中国的摩洛哥公民采取同等待遇。对中国公民免除签证将使更多中国游客前往摩洛哥，并吸引中国企业家和投资商。如果中国对摩洛哥公民免除签证或简化签证手续，那么到中国的摩洛哥游客和商人数量也会增加。我们的基本目标是让两国在各领域实现双赢。

穆罕默德六世国王陛下 2016 年 5 月对中国进行的访问是历史性的，它使两国得以迅速建立全面战略伙伴关系。摩洛哥王国是地区内稳定安全的国家，地理位置靠近欧洲，同时与撒哈拉以南非洲国家保持着稳固的关系，与超过 50 个国家签订了自由交流协定。所有这些，都为中国企业创造了条件，使得他们可以扎根摩洛哥，将这里打造成他们在非洲、欧洲开展业务的平台。我们摩中友好交流协会竭力在互利互惠的各领域为双方提供帮助。友协曾围绕习近平主席提出的"一带一路"倡议举办多次研讨会。早在安达卢西亚时期（指公元 8—14 世纪阿拉伯人统治伊比利亚半岛时期），摩洛哥就曾向欧洲、非洲推介中国物产，发挥了历史性作用。国王陛下这次访华，使"一带一路"建设延伸到了摩洛哥。

总的来说，摩洛哥人民对中国人民心怀高度的尊重和赞赏，中国取得的繁荣进步给摩洛哥人民留下了深刻的印象。我们的家人朋友、摩洛哥民众都十分重视中国。近年来，摩洛哥民众中出现了学习汉语的热潮，这要归功于拉巴特和卡萨布兰卡的孔子学院的努力。我的孩子们也在卡萨布兰卡的孔子学院学习汉语。我还想指出的是，我们友协已经和卡萨布兰卡哈桑二世大学孔子学院签订了合作协议，并在 2016 年 4 月于拉巴特举行的友谊论坛上宣布在哈桑二世大学成立中文系，教授汉语和中国文化。友协还多次与哈桑二世大学孔子学院共同举办文化活动。

或许，很多中国人对于摩洛哥的了解仅仅来自世界著名电影《卡萨布兰卡》（又译《北非谍影》），或是著名的歌曲《卡萨布兰卡》。不过，很少有人知道，中国著名的歌曲《橄榄树》是女诗人三毛在摩洛哥的沙漠中写成的。我想请亲爱的中国读者们仔细去品味摩洛哥和它的美，我相信他们读罢一定会想来拜访这里。

中摩友谊源远流长，行稳致远
——写在中国与摩洛哥建交 60 周年前夕

穆文（中国前驻摩洛哥大使）

穆文大使在丹吉尔海边大西洋和地中海交汇处留影。

　　打开世界地图，让我们从中国的西安（古称长安）出发，重温一下古代的丝绸之路吧。我们先经甘肃、新疆一路西行，途经中亚、西亚和阿拉伯半岛，抵达非洲东海岸和地中海南岸，再由埃及的亚历山大继续向西，经过上百个古代驿站，抵达摩洛哥的非斯和丹吉尔，终于来到古代丝绸之路的最远端。

　　中国位于亚洲的东部，即西方人所说的"远东"。摩洛哥地处非洲的西北端，隔大西洋与北美洲相望，阿拉伯人叫它"远西"，或"太阳落下的地方"。我们仿佛穿越了时空，回到千年之前。这路途的遥远，恐怕用万水千山形容一点也不为过。要是走海上丝绸之路，只会比陆上更加遥远。

摩洛哥是一个美丽而神奇的地方。远古时期，柏柏尔人即在这块土地上繁衍生息。3000 多年前，阿拉伯半岛的迦南人迁徙到这里。此后，腓尼基人、罗马人、汪达尔人、拜占庭人都曾光顾过这块土地。罗马人统治这里的时间最久，从公元前 2 世纪一直到公元 5 世纪，差不多 700 年。公元 7 世纪，阿拉伯的倭马亚王朝远征军征服了摩洛哥。从那时起，摩洛哥进入了阿拉伯时代。由阿拉伯人和柏柏尔人建立的王朝一直延续至今，已有 1300 多年。特殊的地理位置和多元的历史演进，使得摩洛哥的文明独具特色。已故的摩洛哥哈桑二世国王写道："摩洛哥好比一棵大树，它的根扎在非洲的土地里，它的叶子呼吸着来自欧洲的和风。"摩洛哥兼具地中海、马格里布和非洲三重属性。作为罗马帝国和阿拉伯帝国的一部分，摩洛哥曾有过辉煌的过去。非斯古城及古城内的卡拉维因清真寺，在伊斯兰世界早就享有盛名。这座清真寺还是著名的宗教学府，在中世纪已赫赫有名，被吉尼斯纪录确认为世界最早的大学。它比巴黎索邦大学早 291 年，比牛津大学早 390 年。

回望丝绸之路的先驱者

让我们回到 21 世纪的今天。当丝路沿线国家热烈响应习近平主席提出的"一带一路"倡议，本着共商共建的原则，以和平合作、开放包容、互学互鉴、互利共赢的精神，以更加恢宏的视野、更切实可行的方式再创丝路辉煌之际，回望千年之前跋涉在这条漫长艰险道路上的一个个先驱者，我们不禁怦然心动，深怀敬意！

史料记载，公元 751 年，中国唐朝的杜环曾随同阿巴斯王朝（史称大食）军队到达过北非，回国后记述了他所见到的"摩邻国"："又去

梅里姆公主为穆文大使颁发"儿童应享有权利奖"后合影留念。

摩邻国……渡大碛，行二千里至其国。其人黑，其俗犷，少米麦，无草木。马食干鱼，人餐鹘莽。"据考证，这里所说的"摩邻国"即是摩洛哥。元代，中国与摩洛哥的交往渐趋频繁。元朝廷曾正式派遣使者赴摩。1336 年，中国的航海家汪大渊航行到达北非地区，他归国后记述了在摩洛哥北方城市丹吉尔的见闻，说那里"山少田瘠，气候半热，天常阴晦，俗与羌同……有酋长，地产安息香、琉璃瓶、硼砂，栀子花尤胜于他国"。当时的中国史籍中还出现了对摩洛哥建筑物的描述。

汪大渊访问摩洛哥几年之后，1346 年 4 月，摩洛哥旅行家伊本·白图泰来到中国。白图泰 1304 年出生于丹吉尔一个穆斯林家庭，从小就十分向往东方的灿烂文化。22 岁那年他开始东行远游，先后到达和途经的国家有 30 多个。游历到印度后，他受德里苏丹国穆罕默德·沙委苏丹派遣，

穆文大使和夫人张辉楠参赞在丹吉尔附近的海市蜃楼酒店。

作为其使者前往中国。1342年，伊本·白图泰乘船从加尔各答出发开始他的中国之行，不料遭遇飓风和海盗抢劫，所带德里苏丹给元朝皇帝的礼物也丧失殆尽。他只好按原路返回后再度出发，途经斯里兰卡、马来西亚、菲律宾、越南等地，终于来到中国。他于1346年（元朝至正六年）到达泉州，后来又到了广州和扬州，并从扬州取道大运河北上，一直到达元大都（北京），在中国逗留了三年多。这次远东之行回国后，奉马林王朝之命，他将自己周游世界的见闻口述下来，由苏丹的书记官伊本·祖扎伊·卡尔比（Ibn Juzay al'Kalbi）用阿拉伯文记录整理成游记。1985年，中国宁夏人民出版社出版了由马金鹏教授翻译的《伊本·白图泰游记》节略本。2008年，适逢中摩建交50周年之际，由李光斌教授翻译的《异境奇观——伊本·白图泰游记》（全译本）出版，将这位中世纪伟大旅行家180万字的鸿篇巨制呈现在中国读者面前。

白图泰在游记中称赞中国地大物博，种植甘蔗、葡萄、梨、西瓜及小麦、豌豆等作物；赞扬中国瓷器是世界最精美的器皿，远销埃及和摩洛哥。他说中国当时已流通纸币，而其他国家仍在使用金属货币。他惊叹中国境内治安措施严密，保障了过往客商的安全。他还特别留意并介绍了中国穆斯林的状况，提及各城市皆设有伊斯兰教长，管理穆斯林事务，有专供穆斯林居住的街区，区内建有清真寺。

白图泰的游记为摩洛哥人了解中国提供了第一手翔实的资料，在阿拉伯世界和欧洲产生了广泛影响。伊斯兰教先圣穆罕默德说过："求知，哪怕远在中国。"在蒸汽机尚未出现的年代，白图泰凭借当时的车马和舟楫，居然考察访问了万里之遥的中国，出色地践行了这一教诲，在两国人民的交往史上留下浓墨重彩的一笔，令人肃然起敬。时至今日，他的传奇故事仍被摩洛哥人津津乐道，成为中摩关系史上的一段佳话。

感念中摩友好的奠基人

20 世纪 50 年代，非洲的民族解放运动风起云涌，不少国家纷纷挣脱殖民统治而赢得独立。在摩洛哥国内，以独立党为旗帜的爱国运动如火如荼。摩洛哥人民同情和拥戴流放中的苏丹穆罕默德（Sidi Mohammed ben Yusef，1909—1961），拒不承认法国殖民当局扶持的傀儡。在国内武装斗争和群众游行示威的压力下，法国被迫同意穆罕默德结束流放回到祖国。摩洛哥于 1956 年 3 月 2 日宣布独立，苏丹改称国王，是为穆罕默德五世。独立后不久，1958 年 11 月 1 日，摩洛哥便同中国正式建立了外交关系，是继埃及之后与新中国建交的第二个非洲国家，此举在阿拉伯世界也名列前茅。

当时东西方两大阵营紧张对峙，新中国受到以美国为首的西方阵营的孤立和封锁。穆罕默德五世国王在那种情况下选择了新中国，其远见卓识和胆略担当令人敬佩。多位摩洛哥政界朋友对我说起，当年他们的国王顶着来自美国和蒋介石集团的双重压力，毅然决然地同台湾国民党当局断交，是件了不起的事情。

关心中摩关系的人们记得，20 世纪 60 年代，在那次著名的亚非之行中，周恩来总理和陈毅副总理访问了摩洛哥。当时哈桑二世（Hassan II, 1929—1999）继承王位不久，他对远道而来的中国领导人十分热情，给予破格接待。周恩来总理一行抵达时，一向不出门迎客的国王亲自在王宫门口迎接，并把自己的和平宫腾出给周总理下榻。他兴致勃勃地亲自带领客人参观王宫，向他们展示伊本·白图泰远东之行后所写游记的手抄本。为表示对中国领导人的尊敬与友谊，哈桑二世把一把镶有宝石的金鞘宝剑赠给周总理，并把一柄名贵的腰刀送给陈毅副总理。这些都是阿拉伯人馈赠客人的至为珍贵的礼物。有感于此，陈毅副总理曾写下"海洋傍左右，两洲在眼底。俯仰天地宽，当惹世无匹"的豪迈诗篇，今天读起来仍倍感亲切和深受感染。

那是哈桑二世同中国领导人的初次谋面，但大家坦诚相待，十分投缘。周总理等在谈话中强调，国际事务不能只由少数大国决定，新兴亚非国家应发挥重要作用。中方提出互相尊重主权和领土完整、互不侵犯、互不干涉内政、平等互利、通过谈判解决国际争端的主张，作为处理同非洲和阿拉伯国家关系的基本原则；还提出中国对外援助的八项原则，这些都得到对方的积极响应。在反帝、反殖和加强亚非团结等问题上，双方也达成广泛共识。

前人栽树，后人乘凉。建交近 60 年来，中摩关系得以持续、稳定、健康地发展，这同两国老一辈领导人的亲自关怀与培育有很大关系，是他们为两国关系指明了正确的方向，奠定了可靠的基础。

见证不断发展的两国关系

我是第 10 任中国驻摩洛哥大使。在我之前，已有多任大使和馆员在摩洛哥工作。近 60 年来，两国政府和各界人士为双方的友谊与合作付出辛勤的努力，作出巨大的贡献。我和任内使馆同事能为中摩友谊这座大厦添砖加瓦，尽一分力量，深感荣幸和自豪。

我任内先后经历了哈桑二世和穆罕默德六世两代国王，与两届内阁成员和各方面人士都打过交道，也曾深入阿特拉斯山脉和撒哈拉边缘地区，拜访驻在国地方当局，在友人家里做客，看望中方援摩医生和公司员工。摩官方和各界人士对中国使馆的工作给予宝贵支持。我和同事所到之处，各阶层群众对我们总是真诚欢迎，盛情款待。他们那一张张笑脸、一杯杯热茶、一句句朴实的话语和一个个切实的举动，每每令我们感动不已，至今回顾起来仍历历在目。

哈桑二世国王生前的一件憾事是未能访问中国。其实，早在1960年，当他还是王储时，就曾表露过访华的意愿。1997年6月我向他递交国书时，再次重申了中国政府对他的邀请。他回答说，他早就盼望着能去中国访问，"因为，从感情上来说，我必须这样做；从文化方面看，也确有需要"。"文化大革命"期间，在极"左"思潮的严重干扰下，两国关系得以维系已属不易，哈桑二世访华一事自然无从谈起。到了晚年，他虽重生过访华的念头，摩洛哥内部也就此有所酝酿，但他的健康每况愈下，已很少安排出访。他曾对到访的一位中方领导人说过，中国是文明古国、智慧之邦，早在14世纪，摩洛哥的旅行家伊本·白图泰在没有飞机的情况下居然去了中国，而他至今还没去，他为此而感到惭愧。我在同各界人士的接触中也感到，不少人对他们的老国王未能访华颇感惋惜。

现任国王穆罕默德六世担任王储时，便在1991年访问过中国。1999年7月继位以来，他先后于2002年和2016年对中国进行了国事访问，2015年还曾以私人身份访问过我国的香港特别行政区。

令人欣喜的是，随着两国领导人互访增多，两国关系呈现出加速发展的良好局面。我在任时，两国年贸易额约2亿美元，2015年已增长到34.3亿美元。中国参与施工的拉巴特绕城高速公路已竣工通车，丹

穆文大使向哈桑二世国王递交国书。

吉尔—卡萨布兰卡的高铁工程也正在进行，这是非洲的首条高铁。摩洛哥首都拉巴特和卡萨布兰卡的三所大学设立了孔子学院，中国文化中心也正在积极筹备中。我记得，1997年7月1日香港回归中国之际，摩洛哥人民和媒体欢欣鼓舞，纷纷向我们表示热诚的祝贺。哈桑二世国王在会见到访的中方领导人时深情地说，你们中国人能将香港收回自己的手中，该多么自豪！我记得，每当发生地震等严重自然灾害时，两国政府和人民总能守望相助，相互伸出援助之手。

2016年5月穆罕默德六世国王访华期间，两国建立起战略伙伴关系，双边关系提升到新的水平。两国在创新创意、基础设施、绿色经济、反恐等诸多领域合作潜力巨大。摩洛哥地理位置优越，交通便利，与欧美

穆罕默德六世国王会见穆文大使。

等几十个国家和地区有贸易优惠安排，又能接力中阿、中非合作，这些有利条件预示，两国合作有十分广阔的前景。

盘点摩洛哥的中国元素

同摩洛哥各界人士交谈时，他们会情不自禁地提到"Ceniya"一词。"Ceniya"的意思是"来自中国的物品"，主要指中国丝绸、绿茶和瓷器等。这些"Ceniya"都是古代丝绸之路上的象征性商品，并且有不少是经由摩洛哥传入欧洲的。在漫长的岁月中，这些"Ceniya"早已融入摩洛哥人的生活，成为他们生活的一部分。

就拿服装来说，摩洛哥人的服装宽松舒适，简洁大方。男女群众日常的普遍穿着是一种无领尖帽长袍，叫"Djellaba"。Djellaba 的面料可厚可薄，式样大同小异，用丝绸制作的最好。每逢盛大节日，在拉巴特王官广场出席庆典的各界人士，都要着素色的丝绸 Djellaba，显得整齐划一，格外庄重。妇女的礼服是一种无领直筒长裙，叫 Cafutan，系从 Djellaba 演变而来，前襟自上而下垂至脚踝，上襟缀有手工刺绣和珠宝，色彩斑斓，十分漂亮。穿时腰间束条镀金或镀银的腰带，更显得雍容华贵。考究的也多用丝绸织锦剪裁，是参加婚礼和庆典活动的正式礼服。摩洛哥女子结婚庆典上要多次更换行头，最多时要换上 8 套 Cafutan，这自然让中国的丝绸织锦派上了用场。中国丝绸、摩洛哥制作，堪称完美的结合。

瓷器也是摩洛哥人的最爱，许多中上层人家接待宾朋都会用到成套的中国瓷器。也有一些家庭收藏有成套的中国名瓷，陈列于厅堂，主人会引以为荣。有的不一定产自中国，但由于中国瓷器誉满天下，也就一概冠以"Made in China"。

在"Ceniya"中，茶叶是最醒目的中国元素。茶是摩洛哥人日常生活的必需品，其重要性如同面包、植物油和糖，须臾不可缺少。摩洛哥前驻华大使谢尔提先生曾说过，摩洛哥人可以没有黄油，也可以没有石油，但不可没有茶叶。到过摩洛哥的人都知道，无论在城市农村，也不管贫富贵贱，任何摩洛哥人家里都备有大筒的中国茶叶。摩洛哥人待客，必定会奉上一杯薄荷茶。饭前、饭中或饭后，都要用茶待客。中国人饮绿茶一般不加糖，而摩洛哥人则要加入白糖，还要在茶中加入新鲜的薄荷叶。中国古人说，"物之不齐，物之情也。"加糖的习惯据说是由于沙漠环境艰苦，糖可以补充热量；放薄荷叶则是为了中和茶叶的刺激性。我所接触过的四位摩洛哥前驻华大使，他们在中国生活了几年，回国后无一例外地改变了饮茶时加糖的习惯。他们解释说，起初是为了"入乡随俗"，后来发现不加糖更能品出茶水的清香。可见，不同文化在交流

穆文大使夫人张辉楠参赞做客曾在
中国学习、工作过的拉基德夫妇家。

中可以互相借鉴，吸收融合。可以毫不夸张地说，中国茶已成为连接中
摩两国人民心灵的纽带，它见证着两国悠久交往的历史，将永远成为两
国人民友好相处、互通有无的物证。

　　关于中国茶叶，摩洛哥上层人士中流传着这样一个故事：大约200
多年前，摩洛哥海警在其西部海港索维拉搜查一艘英国商船时，缴获了
一批中国茶叶。他们将这批走私品扣押后上交朝廷，王室成员如获至宝，
认为茶叶是珍贵的药材，冲泡后可以饮用。一时间，中国茶叶成为欧洲
国家驻摩使节馈赠官方的上等礼品，装载有中国茶叶的欧洲商船停泊摩
洛哥港口时，也乐意用茶叶和白糖交换淡水等物资，以解决补给的需要。
摩洛哥人从欧洲商人那里换取到中国茶叶，也开始效仿欧洲王室用镀锡
的金属壶冲泡茶。

难忘朋友们的中国情怀

我在任内先后经历了阿卜杜勒·拉蒂夫·菲拉利（Abdel Latif Filali，1928—2009）和阿卜杜拉赫曼·优素福（Abderrahman El Youssoufi）两任首相。他们虽然来自不同的政治营垒，但在发展对华关系上都很积极，并有其独特的感受。

菲拉利先生出任过摩洛哥第二任驻华大使，1965 年 3 月至 1967 年 4 月在中国工作，妻子是意大利籍。他们履职北京期间，正值中国"文化大革命"的初期，"造反派"一时造成的混乱局面使他和夫人颇感困惑。他曾告诉我，有一次周恩来总理会见他，当他说自己来自一个君主制国家时，周恩来立即猜度出他的心思，便开诚布公地告诉他，毛泽东主席说过，君主制也好，共和制也好，形式并不重要，重要的是看它对老百姓好不好。这番话如春风化雨，迅即消除了笼罩在他心头的疑虑。在周恩来的关心和直接过问下，中国有关方面对摩驻华使馆加强了保护措施，这使菲拉利夫妇十分感动。后来，我和夫人在使馆宴请他们时，他们曾深情地回忆起那段难忘的日子。菲拉利夫人还告诉我们，经历了那段特殊时期，他们不仅无怨无悔，反而更加热爱中国，以至离任后一直关注着中国所发生的一切。

优素福先生是摩洛哥政坛的一位传奇人物，从青年时代起便投身摩洛哥民族独立运动。他长期担任左派政党人民力量社会主义联盟的领导人，也曾长期流亡国外。经大赦回国后，他继续从事政党活动，在国内有深厚的群众基础和广泛影响。晚年的哈桑二世国王捐弃前嫌，恳请这位当时已 74 岁的反对派人士出山组阁，既显示出老国王作为政治家的深谋远虑，也为摩政坛注入新的生机。

优素福出任首相的当年，便应邀对中国进行了正式访问，并破例让其夫人参团随行，因为夫人一心向往着能有机会亲临这个"令人神往

优素福首相会见穆文大使。

的国度"。在访问中国期间,优素福夫妇登上了天安门城楼,游览了八达岭长城,还访问了青岛和上海。优素福是摩洛哥北方滨海城市丹吉尔人,他一到青岛,看到青岛依山傍海,建筑错落有致,仿佛回到了自己家乡那样兴奋不已,当即提出希望青岛和丹吉尔能结为姊妹城市。贵宾之盛情难却,青岛有关方面迅即启动非常程序,满足了他的这一愿望。在上海参观陆家嘴后,优素福曾称赞说,看了陆家嘴,他深信中国已迈入 21 世纪。人之相交,贵在知心。我们为有这样能相互理解的友人而感到无比欣慰。

中国与摩洛哥建交已近 60 个年头。抚今追昔,我的真切感受是,只要本着平等互利、合作共赢的原则,秉持包容互鉴的精神,不以社会制度和意识形态画线,摒弃传统的地缘政治思维,不同种族、不同信仰、不同文化背景、不同发展阶段的国家完全可以开展对话,共享和平,共同发展。正确的认识和做法应该是，既正视不同文明之间的差异，又采取切实措施防范可能发生的冲突，始终致力于寻求各方利益的契合点，找到最大公约数。海纳百川，有容乃大。60年来，中国和摩洛哥的关系正是这样一步一个脚印走过来的。其发展过程也许没有轰轰烈烈的壮举，也未炫耀过什么豪言壮语，但未出现大起大落则是不争的事实。它犹如一趟平稳的列车，一经发动，便始终朝着既定的目标，持续健康地前行。源远而流长，行稳而致远，也许这正是中摩友好与合作给我们的宝贵启示。

在摩洛哥的日子

江康（中国外交部礼宾司原司长，前驻布隆迪、多哥大使，曾任驻摩洛哥使馆职员）

从外交学院毕业后，我被派往中国驻摩洛哥大使馆工作。1960 年 10 月 25 日，我告别新婚的妻子，踏上远赴非洲的旅程。那时交通远不如今天这样方便，大多数西欧国家尚未与我国建交，所以去非洲大都选择经苏联、东欧线路。我登上开往莫斯科的国际列车，在车上摇晃了一个星期才抵达莫斯科，又从莫斯科飞到捷克斯洛伐克首都布拉格转乘捷航班机，到达摩洛哥首都拉巴特已是 11 月上旬。

初来乍到

从冬日的莫斯科来到拉巴特，仿佛又回到了秋天。从机场出来，十来分钟的车程就进入市区，透过车窗，我注目这座陌生的城市：市内建筑大都是绿篱环绕的两三层楼房，一溜白色；道路两旁的树木修剪得像列队的士兵一样，市容整洁，悠闲宁静。几天后，我又领略了拉巴特旧城"麦地那"的另一番风貌，小街小巷，星罗棋布，小商小铺，鳞次栉比。店铺里摆放的手工艺品琳琅满目：银铜器皿、珠宝、首饰和腰刀，还有绣着金银丝的各种款式的民族服装、图案别致的地毯和挂毯。市场上身着摩洛哥长袍、头戴红色毡帽的男人和佩戴着镶边面纱、只露出一双明亮眼睛的妇女，熙熙攘攘。"麦地那"和新城隔街相望，仿佛是在诉说着拉巴特的过去和现在。

清晨，清真寺的阿訇用高音喇叭播放的诵经声在城市上空回响，城市在诵经声中苏醒。无疑，这是一个传统的阿拉伯伊斯兰教国家。但是，比起中东某些国家，摩洛哥人相对要开放一些。人们会发现传统的生活方式正悄然发生变化，尤其在沿海城市里：一夫多妻制在新生知识界中逐步为一夫一妻制所替代，一些上班族在日常生活中越来越多地习惯穿着西服或便装，有些胆大的已婚妇女揭掉面纱露出美丽的脸庞，法国棍式面包逐渐取代阿拉伯大饼⋯⋯

这就是上世纪 60 年代初的摩洛哥给我的最初印象。我正是从这里起步，走进外交生涯。

摩洛哥人爱喝中国茶

摩洛哥人爱喝绿茶，上自国王下至普通百姓，从早到晚茶不离口。那个年代，摩洛哥每年从中国进口大约 8000—10000 吨绿茶，而且特别青睐中国安徽省出产的珍眉茶。当时，摩洛哥出口到中国的主要货物是磷酸盐。摩洛哥人开玩笑说，他们用 30 船的磷酸盐才换来一船中国茶叶。摩洛哥于 1958 年 11 月 1 日与中国建立外交关系，是继埃及之后第二个与新中国建交的非洲国家。在一定意义上，中国茶叶对摩洛哥磷酸盐的贸易是两国关系的压舱石。

在摩洛哥工作期间，使馆商务处组织馆员参观过摩洛哥的茶叶加工厂。工厂位于卡萨布兰卡市近郊，所谓茶叶加工，就是把从中国散装进口的珍眉茶分装成盒，这就成了摩洛哥商标的茶叶。

摩洛哥人喝茶与我们不同，别有特色。摩洛哥每年从古巴进口大量蔗糖。摩洛哥茶就是把中国的珍眉茶和摩洛哥的薄荷叶放在一起，加上古巴蔗糖，盛在铜壶里煮制而成。摩洛哥的标准茶具是一把铜壶、几个玻璃茶杯和一个带腿的铜茶盘。摩洛哥人喝起茶来津津有味。对于同样喜爱喝茶的中国人来说，成天这么喝恐怕受不了：太甜，还有那浓烈的薄荷味。

1963年12月下旬，周恩来总理访问摩洛哥期间专程到中国驻摩使馆看望馆员并合影留念。前排右5为陈毅副总理，左2为外交部副部长黄镇，右2为外交部部长助理乔冠华，左5为驻摩洛哥大使杨琪良。后排左3为江康。

做客摩洛哥人家

我在驻摩洛哥大使馆工作期间，曾有机会以译员身份陪同杨琪良大使前往王宫出席哈桑二世国王在重大节日或为来访国宾举行的国宴。大使在王宫正门下车，我紧随其后。王宫门前，骑兵仪仗队分列两旁，骑士们身着红色传统军服，披着白色大氅，手持长矛，骑坐在阿拉伯高头大马上，威风凛凛。我陪着大使穿过王宫的门厅，来到等候大厅。时间一到，宫廷典礼官请大家入席。人们穿过一段花廊（花廊两侧是熊熊的火把，甚是壮观），进入宴会厅。摩方只请大使，不请翻译，所以我把大使送到后，就回到汽车上等待散席。

后来有一次，我随馆领导参加了一位摩洛哥商人家的婚宴。我们被迎进客厅。客厅很大，沿墙四周是阿拉伯式的沙发，餐桌沿沙发摆放。摩洛哥人的习俗是用手抓饭，所以餐前洗手是必不可少的程序。侍者左手持铜盆、右手提着铜水壶走到客人的面前，用铜壶里的水给客人冲洗双手。然后，客人就用侍者肩上披着的大毛巾把双手擦干。这样给所有客人洗一遍要二三十分钟。

摩洛哥人很为自己的烹饪自豪。我记得在一次家宴上，一位摩洛哥朋友说，法国烹调代表西方，中国烹调代表东方，而"摩洛哥烹调代表阿拉伯世界"。我不知道其他阿拉伯国家的朋友是否同意他的说法。

"古斯古斯"和"巴斯的亚"是最常见的两道菜肴，有摩洛哥国菜之称。"古斯古斯"是一种以面粉为主要食材的食品：先把面粉洒上水，放在细筛子上搓制成小米状颗粒，再放在阳光下晒干，然后拌以牛羊肉、葡萄干、杏仁、松子等佐料，用猛火蒸熟。最后再浇上肉汁，即可食用，香味扑鼻，鲜美可口。食用时，用右手抓上一把，在手心里抟成小团后，送入口中。至于"巴斯的亚"，这是一道甜味食品，有点像中国的千层饼，非常好吃。

此外，还有烤全羊、手抓羊肉、八宝鸽子等。我不敢说摩洛哥的烹调是阿拉伯世界最好的，但我可以作证，摩洛哥的烹饪确实很有特色，值得摩洛哥人引以为豪。

摩洛哥的沙丁鱼

经历过上世纪 60 年代初国内经济困难时期的中国人，如今都已上了年纪，但他们中很多人一定记得一样东西：摩洛哥的沙丁鱼。困难时期，国内物资严重匮乏，商店货架上常常空空如也。国内主管外贸的部门想到了摩洛哥的沙丁鱼。大约在 1961 年的冬天，我驻摩使馆商务处接到国内指示，让商务处速在摩洛哥市场上采购一批沙丁鱼罐头急运国内，以解国内市场春节年关之需。很快，摩洛哥的沙丁鱼罐头就进入北京、上海等大城市的市场，颇受市民的欢迎。据说，人们更看中的，其实并不是沙丁鱼本身，而是罐头中浸泡沙丁鱼的橄榄油。一盒沙丁鱼罐头里的橄榄油不过二三两，对于今天的人来说可能不算什么，但它却相当于当时北京市民半个月的定量，这点油显得何其珍贵。摩洛哥因沙丁鱼在中国出了名。随着国内经济情况好转，摩洛哥的沙丁鱼也逐渐淡出中国市场，但是它的"历史贡献"功不可没。

柑橘王国

摩洛哥还盛产柑橘。摩洛哥的柑橘个大、皮薄、汁多，香甜可口，在国际市场上占有一席之地。在收获的季节，柑橘价格低廉到难以想象。馆员们一买就是一大筐，让你吃个够，一直吃到不想再吃。如今，我国驻摩洛哥大使馆就坐落在拉巴特近郊一个废弃的柑橘园里。想当年，这个园子原属一位法国老者。老人想叶落归根，回国养老，急于出售这个园子。此时，正值我馆寻购新的馆址，我从中介那里获此信息，杨大使看后也甚为满意。报请国内批准后，很快成交。随着城市发展，新馆周边已成为热闹的市区。新馆址的左侧是国宾馆，斜对面也盖起了希尔顿大饭店（1982 年底，我随我国领导人访摩时就下榻于此）。

1963 年 12 月，周恩来总理开始著名的亚非 14 国之行，第三站便来到摩洛哥。访摩期间，总理在一次晚餐后用水果，随行的同志盛赞摩洛哥的柑橘香甜可口。总理说，全世界的柑橘老祖宗是中国，可是近代我们的柑橘品种退化了，原因是缺少科技人员就改良品种进行专门研究。杨大使向总理介绍说，据摩洛哥朋友讲，世界上有两位最著名的柑橘专家，其中一位是法籍教授，就在摩洛哥柑橘研究所工作。大使建议邀请他去中国讲学。总理说，可派几位专家先来看看，然后再邀请这位专家去中国。可能的话，你们先搞些优良品种的树苗运回国内。总理结束访问离摩后，大使就把这个任务交给了我。不久，国内从广东和云南的两个植物研究所派来两位专家到摩实地考察，我担任翻译工作。他们离摩后，那位法籍专家亲自挑选了几个优良品种的树苗，共 300 株，由我馆通过空运经巴黎、上海运往云南。我离馆回国后，听说法籍专家也应邀来华访问过。

周恩来总理在访问中，很重视学习人家的长处。除了柑橘外，总理还对摩洛哥的炼油厂产生了兴趣。访摩期间，总理兴致勃勃地参观了一家由意大利人帮助建造的炼油厂。我听杨大使后来说，总理回到住地后与随行的同志谈道，这个厂包括在培的学员在内只有 300 多人，而某国帮我们在兰州建造的同等规模的炼油厂却用了近 6000 人。相比之下，摩洛哥的炼油厂比我们的要先进许多。他当即指示，这个厂很值得一看，回国后一定让石油部派人来考察。果然，总理回国不久就指示石油部派了一名总工程师到摩考察。

卡萨布兰卡国际博览会

卡萨布兰卡是一座享有国际知名度的城市。提起这座城市，人们就会联想到那部与其同名的二战电影。1942 年 11 月 8 日，巴顿将军指挥盟军在卡萨布兰卡附近登陆（我初到摩洛哥时，曾在大西洋岸边看到一辆破损的坦克，据说那里就是当年的登陆地点）。1943 年 1 月，在二战的关键时刻，罗斯福总统、丘吉尔首相等在刚解放不久的卡萨布兰卡召开了"卡萨布兰卡会议"，商定后期的战争方略。罗斯福还在此宣布反法西斯盟国将把战争进行到德、日、意无条件投降为止。

从首都拉巴特沿大西洋岸边向南偏西前行约 100 公里，就到了摩洛哥最大的城市和经济中心——卡萨布兰卡。

上世纪60年代我在驻摩使馆办公室工作期间，平均每周要跑一趟卡萨布兰卡，因为这里有摩洛哥最大的国际机场和名列非洲前茅的港口，还有每年都举办的国际博览会。中国贸促会几乎年年都组团参展。中国馆主要展出我国生产的五金电器、缝纫机、纺织品和手工艺品等，还有一些大型机械设备。展馆不仅面向摩洛哥市场，还面向周边国家，是我国对非贸易的一个重要窗口。中国馆是博览会最受欢迎的展馆，观众络绎不绝，中国馆日招待会更是高朋满座。如果某个年份中国因故缺席，博览会主办方会感到十分遗憾。甚至有些摩洛哥朋友还表示："没有了中国馆，博览会就没有多大意思了。"

海峡明珠——丹吉尔

摩洛哥地处非洲西北角，既濒临大西洋又濒临地中海。

摩洛哥的北面是著名的直布罗陀海峡。坐落在海峡南岸的摩洛哥古城丹吉尔扼守着海峡咽喉，战略位置十分重要。丹吉尔又像一颗明珠镶嵌在地中海入口处，风景如画。公元14世纪，出生在丹吉尔的摩洛哥旅行家伊本·白图泰于1346年到中国游历，先后到达泉州、广州、杭州和元大都（北京）。回国后，他把所见所闻汇集成书，即《伊本·白图泰游记》。这部著作成为研究元代社会人文地理和中国与阿拉伯国家关系的重要资料。有人把伊本·白图泰比喻为"摩洛哥的马可·波罗"。他的事迹成为中摩友好关系史上的一段佳话。

1961年哈桑二世继承王位后，曾一度把丹吉尔定为夏都，并要求驻摩外交使团每年夏天随他一道前往丹吉尔常住些时日，我因而多次有机会随大使来到美丽的丹吉尔。站在海峡岸边的山冈上，左手一指大西洋，右手一挥地中海，面前是欧洲大陆，身后是非洲大地，仿佛来到世界的十字路口，确实令人心旷神怡。这里是海峡的最窄处，宽仅10余公里。晴天极目远眺，对岸西班牙的山峦村舍和直布罗陀清晰可见。丹吉尔市与直布罗陀之间有轮渡往来。我曾随使馆参赞到直布罗陀出差，从丹吉尔码头登上渡轮，大约一个来小时就到达了直布罗陀。1963 年，陈毅副总理在陪同周总理访摩时，在原日程之外特意慕名来到丹吉尔，在直布罗陀海峡岸边看个究竟，对这里得天独厚的地理环境赞叹不已。

老华侨和新留学生

那个年代，我国在摩洛哥的侨民为数不多，仅有十几位。他们大都是一战期间法国招募的华工，后来流落到当时的法属殖民地摩洛哥，且大都生活在卡萨布兰卡。他们有几个特点：一是年事已高，约在 70 岁上下；二是生活困苦，大都孤身一人，从事为法资拉法耶特百货公司加工领带一类的零活，勉强维持生计；三是虽然几十年来从未回过国，但他们都心向祖国。自我国在摩建馆后，他们都把护照换成了新中国的护照。馆领导对这些老华侨非常关心。我至今还记得其中的几件事。

使馆办公室主任老朱和我不时地利用出差之便或专程前往卡萨布兰卡对这些老华侨进行家访。一位孤寡老华侨不幸病故，他有一笔数目不大的钱存在卡萨布兰卡的巴黎银行。这笔钱理应由其在国内的亲属继承。为此使馆出具证明，银行同意把这笔款子汇到使馆账户上。然后，使馆通过国内地方政府把钱转交给了死者家属。

还有一位老华侨，浙江人，他不愿最后死在异国他乡，想叶落归根，可又买不起飞机票，使馆也没有这笔经费。我们通过使馆商务处了解到，近期国内有一艘远洋货轮到卡萨布兰卡港口装卸货物，然后回国，船上有几间客房。经征得国内远洋公司的同意，让这位老华侨免费搭乘回国。那天老朱和我专程到港口送他，并帮他办理出境手续。告别时，他紧握我们的手，热泪盈眶。

每年春节前后，使馆都要把这些老华侨请来，由老朱出面宴请一次。席间，大使还抽身来看望他们，嘘寒问暖。最后，还请他们看一场国产电影。对少数没有交通工具的华侨，使馆还派车接送。记得有一年春节，我驾车到卡萨接送几位老华侨，一个晚上跑了两个来回，四百来公里。返馆途中，夜幕下突然狂风大作，一棵大树被大风连根拔起，横躺在公路上。所幸我偏中线驾驶，汽车穿过的是大树枝叶部分，未有大碍，只是惊得我一身冷汗。如果当时撞在树的主干或根部，后果不堪设想。

1964年，拉巴特迎来一批年轻的中国人，他们是根据两国政府间协议，公派到穆罕默德五世大学学习法语的中国留学生。这一批总共有30人左右，其中还有几位女生，国内教育部派了一名干部带队。这批留学生有一定的法语基础，但尚不具备直接入学的语言条件，所以，他们先得进行一段语言强化。使馆帮他们聘请了教员，还在使馆附近的街区租用了一幢房子，作为他们学习和生活的场所。我曾随馆领导去看望过他们。我那时不过20来岁，比他们大不了多少，年轻人见面分外亲切。使馆举行国庆招待会时，他们也过来帮忙。大概经过一年左右的法语强化训练，他们便进入穆罕默德五世大学学习。1965年，国内又派来6名学习阿拉伯语的留学生。若干年以后，我在国内曾有机会见到其中的几位同学，他们已成长为某外事部门的领导干部，或是驻某阿拉伯国家的使节。

丰富的旅游资源

摩洛哥有着悠久的历史，迦太基人和古罗马帝国都曾在这块土地上留下印记，更不用说后来的阿拉伯人，加上得天独厚的地理位置和宜人的气候，造就了摩洛哥丰富多彩的旅游资源。至今，摩洛哥被联合国列入《世界文化遗产名录》的古迹就有9处之多。

我在驻摩使馆工作五年有余，到过摩洛哥不少城市。尤其是在哈桑二世登基之初，他到全国各地巡视，要求驻摩使节随行，我作为译员曾有机会陪同杨大使一同前往。

无论是卡萨布兰卡、丹吉尔，还是古城非斯、故都马拉喀什、伊斯兰教圣地梅克内斯和罗马古城遗址沃吕比里斯，都给我留下深刻的印象。

这里，我只说位于阿特拉斯山脉中部山区的一个美丽迷人的小镇，名叫伊芙兰。1964 年春节，我和使馆的同事们来到这里，面对这里的景色惊讶不已：白雪皑皑的大地、北欧风格的尖顶建筑，很难使人相信这里是非洲，是摩洛哥。毋庸置疑，这里就是非洲的摩洛哥。难怪有人把伊芙兰比喻为摩洛哥的"小瑞士"。现在，伊芙兰小镇附近的山里建成了非洲最大的滑雪场。到非洲去滑雪，绝非笑谈。

中摩友好合作新篇章

光阴荏苒，50 多年过去，摩洛哥的山山水水至今仍历历在目。心中保存的那一份"摩洛哥情结"，让我情不自禁地关注中摩友好合作关系的发展。难忘的留学岁月

2016 年，穆罕默德六世国王应习近平主席邀请来华进行国事访问。这次访问把两国关系提升到战略伙伴关系的新高度，开辟了中摩友好合作新的篇章。中摩经济互补性强、合作潜力大。两国经济技术合作赶上了好时光，可谓天时、地利、人和，万事俱备，正遇东风。这个东风就是中国政府的"一带一路"倡议。摩洛哥地处"一带一路"的延长线上，其振兴工业计划正好可与中方"一带一路"倡议对接。本着政府指导、企业主体、市场运作、合作共赢的原则，丹吉尔工业园区水到渠成，应运而生。在穆罕默德六世国王访华后不久，中国海特集团与摩洛哥方面于 2017 年 3 月 20 日签署协议，在丹吉尔附近为 200 家中国企业建造工业园区。穆罕默德六世国王亲自出席了在丹吉尔举行的签约仪式。预计该项目十年内总投资将达到 100 亿美元。我为丹吉尔工业园区的启动喝彩点赞。让我们期待中摩友好合作关系在今后的岁月里获得更加长足的发展！

难忘的留学岁月

刘宝莱（中国人民外交学会前副会长，前驻阿联酋、约旦大使）

1965 年 6 月的一天，我的母校北京外国语学院（现北京外国语大学）亚非语系领导找我谈话，要我到摩洛哥的穆罕默德五世大学拉巴特人文学院进修阿拉伯语。从此，我同阿拉伯语、阿拉伯人民及那片热土结下了不解之缘。

圆了留学梦

1965 年，是我进入北京外国语学院读书的第五年——五年中，我学习了两年英语、三年阿拉伯语。6 月的一天，学院亚非语系领导找我们四位同学谈话，说随着我国同阿拉伯国家关系日益发展，国内需要大批阿语较好的翻译，外交部决定派我们四位（除我外，还有王小庄、孙必干、时延春）出国进修阿语，回国后，将安排到外交部工作。我们喜出望外，异常激动。我真没想到，一个农民的儿子，当年的放牛娃，竟能出国深造！

1941 年，在日寇侵华的艰苦岁月里，我出生于山东章丘一个贫苦农民家庭，靠祖上传下来的五亩薄田度日。那时，农民基本上要靠天吃饭，一般的年景尚能勉强糊口，但遇天旱就非常艰难。俗话说，穷人的孩子早当家，农民儿子种庄稼。从小我就跟着父母、姐姐下田干活，播种、锄草、挑担、拉车、放牛、捡粪，什么农活都干过。因此，我非常珍惜粮食，对"锄禾日当午，汗滴禾下土。谁知盘中餐，粒粒皆辛苦"体会

1968 年 9 月，刘宝莱在中国驻摩洛哥大使馆留影。

深刻；对大旱时节颗粒无收，一分耕耘未必就有一分收获的体会更深刻，从而在幼小的心灵里种下了要艰苦奋斗的种子。对于念书，我很喜欢，从小酷爱文学，但家境贫寒几乎让我辍学，幸好母亲"望子成龙"心切，坚持要我读书。她虽不识字，但总鼓励我上进，有时把自己辛苦积攒下来的一两角钱悄悄塞给我……我从未辜负母亲的期望，从小就是学校的优等生。从本村小学毕业后，我考入离家 15 公里的章丘一中，在那里住校，完成初高中学业，并以高分考入北京外国语学院，成为留苏（联）预备生。

当时，年轻的我，一帆风顺，充满幻想。我有两个梦，一是到北京读大学，二是出国留学。考入外院，圆了大学梦；去苏联读书，将圆我的留学梦。因此，在留苏预备部集训期间，我积极参加政治理论学习，还忙里偷闲，抓紧学习俄语。后因中苏关系紧张，我们150名留苏预备生，除10名准备留苏外，其余100名到英语系学习英语，40名到东欧语系，学习小语种。于是，我到了英语系，我的出国梦也化为泡影。经过努力，我对英语刚刚入门，开始有点运用自如，领导要我转学阿拉伯语。那是1962年，我国刚度过困难时期，学院的学生伙食也大大改善了。尽管阿语是世界上各类语种（除汉语外）中最难学的语种，但在恩师纳忠教授、归云昌教授、计雪教授的亲切教导下，我们取得了可喜的成绩。这次出国进修将圆我的留学梦，自然很高兴。

同年9月，经过月余集训后，我同5位曾在北京第二外院学习阿语一年的同学一道启程，先搭乘北京至莫斯科的列车前往莫斯科，然后转机飞摩洛哥首都拉巴特市。当时，航班中途还要经停阿尔及尔1小时。第一次坐飞机的我，心情既紧张又激动。在阿尔及尔机场，我们都下了飞机，以为已到达目的地。看到许多中国同志，更深信无疑。后来才知道，我驻阿使馆的领导和同志们是来机场接有关代表团的。他们微笑着祝我们旅行愉快。两小时后，我们抵达拉巴特国际机场，主管留学生的关致远辅导员前来接我们。至此，我那颗一直悬着的心才一下子落了地。

初到拉巴特

抵达拉巴特已是晚上，从机场到市区的路上，只看见公路两旁的灯光。我们稀里糊涂地被送进一幢小楼，我同三位男同学住大间，两位女同学住小间。次日起床，才看清这座二层白色小楼，院子不大，花草郁香，是学生宿舍楼。登顶眺望，晴空万里，碧绿汪洋，林木楚楚，微风送爽，数日来的疲倦顿时全消。隔街斜对面的一座二层小白楼是教学楼，院子大，树木多，一层是大厅，摆着许多桌椅，二层有一间中厅，类似教室，摆着课桌、椅子，挂着黑板，还有粉笔等。另外，还有一间小会客室、四间办公室、卧室等。

我们 6 人在教学楼见到了专员王景文和两位辅导员（一位是老关，另一位是老张）。王专员欢迎我们并介绍说，他们三人受教育部委派，主管赴摩留学生，直属使馆文化处领导。他在文化处挂职三秘。他说，根据国内指示，在摩搞试点，要办成抗大式的学校，对留学生采取集体管理的方式。已有 28 名（其中 10 名女同学）高中毕业生于去年 9 月先期到达，是这所学校的拓荒者。他们正集中学习法语一年，由当地和法国教员授课，准备今年去拉巴特人文学院法语系听课。他指着我说：你是进修生，已在国内学习三年阿拉伯语，估计到学院听课问题不大。其他五位同学仅学一年阿语，去学院听课可能吃力。当务之急，是去学院报名，争取做旁听生。

午饭时，我们被带到一楼大厅，同学们已坐好。老王作了简单介绍，大家报之以热烈的掌声。由于我年长，即代表五位学子讲了类似向他们学习的话。毕竟同是天涯学子，我们很快就混熟了。

丰富多彩的课余生活

"抗大"的课余活动丰富多彩。我们常在院内打排球、跳绳、爬楼梯，周末参加义务劳动。现在我驻摩使馆馆址是当年我国政府从法国商人手里购买的一座大橘园，内有 300 棵橘子树。当时，我们就是到橘园参加劳动。我们种的韭菜第一茬菜味十足，第二茬尚有韭菜味，第三茬仿佛野草，食之无味。这可能与当地气候、土质有关。

拉巴特市位于大西洋畔。夏季，我们时常徒步 20 分钟前去游泳。海水清澈见底，水温低，即使体质好的年轻人，在水里 15 分钟后也要上岸。躺在天然的热沙滩上沐浴阳光的，以法国游客居多，他们喜欢那里的骄阳。他们大多开着车，带着哈巴狗，下水前对狗下"指示"——看好衣物，然后兴致勃勃地去游泳。小狗老老实实地趴在主人衣物旁，如有陌生人靠近便狂吠起来，主人听到自然回来。凡游泳者，必须有遮阳伞，要么自带，要么租用。租把伞很贵，我们都自带伞、面包、香肠、水等。初次见到大西洋，心情振奋不已。你看，"浩瀚汪洋泛碧波，浪急涛涌千堆雪。夏日游泳阳伞贵，蓝天白云海鸥多"。

摩洛哥王国受法国影响大，欧化较严重，拉巴特又称小巴黎，加之政府重视发展旅游业，因此对妇女着装没有严格要求伊斯兰化。当地女士游泳均着三点式，对我们女同学的泳装很不以为然，说她们太保守，仿佛看西洋景一样。在学院读书的当地女同学一律不准穿民族服装。当然，能上得起大学的女孩多为富裕家庭，他们相互攀比，穿得很摩登。在此背景下，我们的女同学也要穿裙子，即使在零度左右的冬季。她们抱怨真有点受不了，但毕竟年轻，尚可顶得过去。

关于游泳，还曾发生过一件事，让我至今记忆犹新。事情是这样的：在一个炎热的星期日，全体同学和领导30余人都去游泳。下水后，杨玉珍同学渐渐离开男同学，向另一方向游去。她未料到那边水深，突然感到水温低下来，一紧张，腿抽筋了。她自知不妙，急喊救命，同时身子渐渐下沉。男同学们离她约有10米，拼命向她游去，但时间不等人，眼看着小杨的头沉到水里。在这千钧一发之际，一只小船飞快划去，只见水手一个猛子扎下去，便将小杨托出水面，放到船上。小杨被抬上岸后，吐了几口酸水，慢慢缓过气来。当晚，王专员讲话，批评小杨无组织、无纪律，并强调今后游泳要集体行动，互相关照，千万不要单独行动。

其实，我也发生过一次有惊无险的事，只不过大家未向专员汇报罢了。有一个星期日，我同5位学阿语的同学到一小岛上捡海螺。小岛离岸边约100米，涨潮时，中间深2米以上的水域有50米宽；落潮时，仅有 30 多米宽。我们是落潮时上岛的，我顺利游过去了。但返回时已涨潮，我在深水区游到大约 45 米时，支持不住了，遂求助生长在湖南、水性好的葛小和。他说，请不要慌，我马上仰泳，你抓住我的脚就可以了。我轻轻地抓住他的脚，迅速游过了那困难的 5 米。上岸后，我深深吸了一口气，向葛表示感谢。他说，不用谢，毛主席要我们到大江大河大海里游泳，一是锻炼意志，二是加强互助友爱。他的这番话，至今我还记得清清楚楚。

"好好学习，就是抓住了大事"

9 月底，使馆国庆招待会后，杨琪良大使接见我们 6 位阿语学子。那是我平生第一次见到"大官"，心情有些紧张，但更感到高兴。杨大使见到我们，开门见山地说，阿拉伯语对我国外交来说是一个年轻的语种，我们的阿语干部还不能适应外事工作的需要。他说，前年，周总理访摩时，只好用法文翻译。双方签署联合公报后，哈桑二世国王请法文翻译齐宗华同志当众宣读。齐读得很流利，受到了国王和周总理的好评。你们要以"红军不怕远征难"的精神好好学习，争取阿语过关，成为高级翻译，为祖国争光。对此，我感到了压力，不由问自己，我能行吗？

不久后的一天，使馆通知：今晚摩电视台法语新闻频道将转播杨大使作为使团长代表各国驻摩使节向哈桑二世国王祝贺开斋节的报道，请大家注意收看。我们都很兴奋，连晚饭都未用好，便早早坐在电视机旁，等待新闻转播。当杨大使的镜头出现在电视屏幕上时，大家情不自禁地热烈鼓掌。我听到杨大使用熟练的法语向国王致贺词，感到很震惊。因为大家都知道，大使不懂法文，外事活动都带翻译。后来我才知道，根据摩外交部礼宾规定，凡使团长向国王祝贺节日，必须由本人用阿语或法语宣读贺词，杨大使为此付出了辛勤劳动。他连续两周跟着录音读贺词，直到读熟为止。

1968 年 2 月，
刘宝莱在卡萨布
兰卡街头留影。

　　我对杨大使的毅力和刻苦精神感到由衷的敬佩。我想，既然大使可以为之，我为什么就不能呢？！周末去使馆看电影，见到大使，大家都兴奋起来。有位学法语的同学问大使，上电视是否紧张？大使说，既然成竹在胸，何紧张之有？！当然，他又鼓励我们努力学习，不要像他一把年纪了才学外语，"少壮不努力，老大徒伤悲"。听了这番话，我心里热乎乎的，感觉犹如冬天里的一把火，照亮了自己前进的道路。

　　从此，我心中的奋斗目标更明确了，进修阿语的自觉性增强了。其他 5 位学子的学习积极性也提高了。我们到学院听课，都主动同当地同学交谈，练习听力。但王专员等三位领导对此不满，认为这是重业务轻政治。他们对我更为不满，认为我是"只顾低头拉车，不顾抬头看路"，是在走白专道路。为了纠正我的"错误"，他们让我在使馆组织的"斗私批修"大会上发言，检查自己的问题。在会上，我记得自己主要讲了两点，一是我的父母都是农民，均有"望子成龙"的思想。我受他们的影响，也有"出人头地""光宗耀祖"的想法；二是我努力学习阿语，是想为祖国干一番事业，当我能给杨大使、周总理、毛主席做翻译时，我将感到无比骄傲和自豪。因为国家花大量外汇送我来进修，很不容易，如学业无成，将会铸成大错，悔恨终生，无脸回国面见"江东父老"。当时我很激动，讲了心里的实在话。没想到，我的一番话博得了与会同志们的热烈掌声。杨大使也大为赞扬，他说：年轻人有些想法是正常的。我们都年轻过，也曾有些这样、那样的想法。因此，不必大惊小怪，认识了，就好了。陈老总对"又红又专"作了精辟的论述。他说，"又红又专"就像一个飞行员，如果他没有正确的政治方向，就会将飞机开到国外去；如果他没有高超的技术，就不能将飞机飞上天。现在，你们在摩洛哥，只要好好学习，就是抓住了大事。就这样，他们逐渐改变了对我的看法。

1966 年下半年，国内开始"文化大革命"，当地及西方媒体作了较为详细的报道。受此影响，同学们已无法安心学习。杨大使回国参加"文革"前去看望我们，并讲了一个故事。他说，1947 年，胡宗南部队进犯延安时，他的旅（他时任旅政治部主任，年仅 29 岁）曾是保卫延安的三旅之一。撤离延安前，延安军民召开大会，他任司仪，毛主席发表讲话。他带领大家呼口号，誓死保卫延安。部队撤离后，他的旅接到上级命令，在延安附近打伏击。部队埋伏好后，未见敌人来，等到第二天，也未见敌人踪影。大家都等得不耐烦了，怀疑是情报有误。上级首长指示，大家要耐心等待，服从命令，听指挥。结果，第三天，敌人大摇大摆地来了，进入了部队伏击圈。部队打了个大胜仗。最后，他语重心长地说，同学们，你们要沉住气，在未接到国内通知前，要抓紧时间，好好学习。

如今，杨琪良大使已经作古，但他的教诲和风范，至今仍深深地留在我们这些当年学子们的脑海之中。

万事开头难

辅导员关致远是东北人，满族，学哲学，人民大学毕业。他中等身材，黑红脸膛，透出健康的体魄。他平时主要负责同学们的学习，工作中待人宽厚，体谅下情。不久，他找我谈话，要我担任阿文组小组长。我本不愿干，打算集中精力搞好外语，但没有办法，只能服从。又过了一周，他带我们6位学子去拉巴特人文学院考试、报到。学院教务主任戴一副深度眼镜，瞪大眼睛审视着我们。他对第一次见到来自中国的阿语留学生感到又惊又喜。他先考我的听力，同我进行交谈，问了几个问题；又读了一篇短文，让我复述。听后，他高兴地用法语对关说，没想到中国大学的阿语教学水平提高得如此之快。原来，前几年他曾访华，同五年级毕业生聊天，真听不懂他们讲的内容。他说，这位进修生可以到学院文学系三年级听课，建议选修文学、语言、哲学、历史。老关面带喜悦，表示感谢。随后，教务主任又分别考了5位同学，认为他们听力太差，最好先请家庭教师教他们中学课程，然后视情况再到学院听课。老关建议先在学院报名，可考虑安排他们试听一年级文学课，以便开始熟悉学院环境。主任勉强同意了。就这样，我们开始了学院生活。

初到学院听课，人生地不熟。国内学习的东西难以对路，教授们的讲话又都带有浓重的地方口音，对我们来说很不适应。我尚且如此，其他五位同学基本听不懂。他们心急如焚，有点泄气，开始怀念国内的教学方法。为与同学们共勉，我曾赋诗一首：

少壮当努力，学习需鼓气。

攻关不怕难，听课必有益。

父母送儿行，望子学有成。

志存要高远，榜上应题名。

同时，我们提出一些改进学习的建议，比如家教与学院教授的讲课内容适当结合起来；购买阿文词典和有关书籍及订阅报刊等；与当地大学同学交朋友，争取他们的帮助。渐渐地，形势有变化，我们开始适应了。

我抓得较紧，具体经历了三个阶段。第一阶段，争取跟上课时。具体做法是先求当地同学帮忙，借阅他们的笔记，弄懂上课基本内容。第二阶段，争取课堂消化，将教授讲课的内容复述给同学听，以掌握各人听懂了多少。第三阶段，加强同老师的交流，课前预作准备，争取上课发言，回答教授的问题。我语言上比当地同学差，但知识面广，阅历丰富，尤其当我讲述中国 5000 年的文明史和文学巨著时，他们都感兴趣。记得有一次听哲学课，同教授讨论起劳资关系，我用马克思主义政治经济学谈了自己的看法。教授表示，虽不同意我的观点，但愿继续同我交流，因为语言已不是障碍。当时，许多同学问起中国的风俗习惯、经济发展、文化教育等，我均一一作答，并从中交了几位好朋友。其实，他们对中国了解甚少，加之受西方影响，误认为中国依然愚昧落后，妇女缠小脚，男人梳辫子，受洋人欺辱。

陪杨福昌副外长再访摩洛哥

1991 年 6 月，我陪杨福昌副外长访摩。那是我离开摩洛哥 23 年后再次踏上那块土地，心情异常激动。那里毕竟是我外交生涯的起点，当年在摩洛哥，我不仅提高了阿拉伯语水平，而且开始走向国际外交舞台。但中摩关系发展时有起伏。1989 年北京政治风波后，美、欧等西方国家对我国实施制裁。当时，法国特别起劲，摩紧随其后，同我国适当拉开了距离。是年 12 月，我们曾向摩方试探杨尚昆主席往访的可能性。摩顾及同法国关系，未作积极回应。两国关系降温，中断了高层往来。

1990 年 8 月，伊拉克侵占科威特后，中东局势发生重大变化，中摩关系有了改善。杨副外长访摩是 1989 年北京政治风波以后我国政府最高级别官员往访，标志着两国高层往来恢复正常。

摩方对杨副外长访问十分重视。代表团抵达当日，摩首相、外交大臣分别会见了杨副外长，外交国务大臣同他举行了会谈，并设晚宴款待。访问气氛友好，反映了对方希与我加强关系的良好愿望。晚宴后，我向杨副外长建议，请新华社驻摩记者就摩首相会见发一消息。杨同意后，我忙去办理，并引用了首相几句友好的谈话。然后，我便同吴传福处长（后任驻突尼斯、瑞士大使）去使馆写简报至凌晨 3 时。待我们要离馆时，完永祥大使说，他先出去看看使馆的两只狗是否趴在办公室门口，因为那狗咬人。不一会儿，他回来说，两只狗不在门口。于是，我二人匆匆出去上车返回旅馆。路上，我半开玩笑地对吴说，看来，完大使很喜欢那两只狗。我说，以前我在这里工作时，使馆曾养了一只大狼狗，叫"虎"。每当国内来人，先让他闻一下，下次再进门，他就向你摇尾巴！俗话说，"狗拿耗子，多管闲事"，而"虎"就喜欢拿耗子，你说怪不怪！这时，我听到了他轻微的鼾声。但待车抵达旅馆停下来时，他忽然人叫，狗咬着你没有？我哈哈大笑起来，原来他在做梦。

访问期间，摩方还安排我们游览市容，参观博物馆和文化、旅游设施。我们也到市场、公园走走，还到海边散步。我发现拉巴特市变化很大，昔日低矮的房屋不见了，高楼大厦多了；狭窄的土路不见了，柏油马路多了；荒芜的空地不见了，绿地、公园多了。在街上，最引人注目的是当地妇女的面纱不见了。1965 年我在摩大学读书时，当地女大学生只有在大学里才不戴面纱。她们离开校园后大都要戴面纱，穿民族服装。另外，我同摩外交部亚洲司副司长闲聊时，谈起摩 20 多年来的变化。他说，这些年来，摩最大的变化是体制变革。哈桑二世国王陛下实行君主立宪，开放党禁，扩大新闻自由，发展经济，改善民生，以体现真主精神、国王意志、人民愿望。他说，摩政坛议会、党派活跃，新闻监督检查放宽，国王经常任命重要党派人士组阁，平衡左右，稳定政局。广大民众可以发表文章批评政府、议员。当地报刊也刊登些类似文章和评论。此外，国王实行土地改革，使农民耕者有其田。陛下提出的目标是穷人富起来，富人更加富。尽管实施有困难，但这将鼓励人们走正道，靠自己勤劳的双手去创造财富。

为了验证他的看法，我早起到街上书报摊转转，并翻了翻书报。果然，我看到了一些不同声音的文章、评论和漫画，这在20多年前是不可想象的。我感到摩洛哥的确在变。

离开首都拉巴特，我们去马拉喀什参观访问。马拉喀什是摩洛哥的古都，由于该市的建筑物均涂以红色，故又称"红色的城市"。陪我们前往的是摩外交部礼宾司副处长。他是我的校友，毕业于穆罕默德五世大学拉巴特人文学院文学系。我们二人谈得很投机，大有"酒逢知己"之感。他说，他热爱中华文化，关注中国的发展，特别是经济腾飞。他感慨地说，在摩洛哥，谁也未想到，一向贫穷落后的中国会发展如此之快。话锋一转，他又说，这些年来，摩远离中东动乱，政局比较稳定，经济发展较快，人民生活有所改善，但同中国比起来，还相去甚远。国王陛下曾于1971年和1972年两次历险，大难不死，才使摩保持了长期稳定的局面。接着，他给我讲了哈桑二世国王的传奇故事。

出使摩洛哥：不同寻常的经历，
永难忘怀的情谊

司徒双（中国前驻摩洛哥大使完永祥夫人）

　　夫君完永祥1957年从外交学院毕业，由外交部选送埃及学习阿拉伯语，成为新中国成立之初为数不多的掌握阿语的职业外交官。随着与阿拉伯世界交往的日益频繁，30多年里无论是常驻或短期出差，他踏遍北非、海湾等地区，见识了大半个阿拉伯世界。随后的退休岁月中，我们夫妻又进行过十余次环球旅行，足迹遍及五大洲。尽管每个国度都有它的迷人之处，但我们二人后来经常想起并津津乐道的，却总是他作为大使最后出使的摩洛哥——1987年9月9日永祥上任时，我们第一次踏上那片神奇的土地，并从此与摩洛哥人民结下了不解之缘。

　　要说这个位于非洲西北角、面积不大的国家可谓得天独厚：整个国土呈长条状沿大西洋南伸，其间良港密布，有丹吉尔、卡萨布兰卡、阿加迪尔、坦坦等，北面隔直布罗陀海峡与欧洲相望，因濒临地中海而气候温和（世界最宜居的地区之一，冬无严寒，夏无酷暑，终年阳光明媚），南边的大阿特拉斯山脉又为它挡住了撒哈拉的风沙。摩洛哥人常引以为豪的是，国家不大却应有尽有，比如在名城马拉喀什，可以早晨去大西洋游泳，中午登大阿特拉斯山顶滑雪，接着驱车南下，天黑前赶到撒哈拉看沙漠日落……这样优越的地理环境，使摩洛哥自古以来就是欧非交往的枢纽。在这里，可以找到古罗马遗址（沃吕比里斯）、西班牙遗风（得土安、沙温）、16世纪的葡萄牙要塞（阿绥拉、索维拉）和撒哈拉"蓝衣人"的踪迹。换句话说，伊斯兰文化、欧洲文明、地中海风情以及非洲大陆习俗，都在这里融汇交流，形成了摩洛哥丰富多彩的民族特色。

完永祥大使夫妇在摩洛哥南部参观撒哈拉地区民居 Kasba，与居民合影。

摩洛哥政局属非洲最稳定的国家之一，加之游牧民族豪爽、好客的传统，使得我们在这里可以充分施展才能，实现抱负，在近五年半的时间里与当地人（从王室到平民）结下了深厚的情谊，把两国关系推上了新的高度。

完永祥大使不辱使命

回想 30 年前我们满怀激情走马上任时，第一个突破性的进展，就是所掌握的外语一下子赢得了普遍的好感和美誉。当时，在整个驻摩使团（阿裔使节除外）中，能用流利的阿拉伯标准语交流的只有中国大使一个（完永祥在开罗留学时曾下苦功模仿时任埃及总统纳赛尔的口音——纳赛尔口才出众且被整个阿拉伯世界尊为英雄）。在向哈桑二世国王递交国书时，完大使的阿语水平就曾引起国王陛下的赞叹。之后，在拜会各部大臣和省长时，更是引得美言一片：无须借助翻译而直接用阿语同他们交谈，不仅使他们感到惊讶，而且倍觉亲切（这事放到现在不算稀奇，那时中国外派的大使相当一部分不懂外语，更不用说讲阿语

1987 年，完永祥大使向摩洛哥国王哈桑二世递交国书。

了），不少人从第一次见面起，就与完大使成了要好的朋友，以后也处处提供方便。相比之下，直到现在，一般出使第三世界的西方大国（如英、美、法、西等）的大使并不下功夫去学驻在国的语言，而是等着对方用英语或法语等和他们交流。这就是语言的魅力，它一下子就拉近了双方的距离，作用非同小可。在这方面，反响最大的是 1992 年 11 月 23 日，完永祥应卡萨布兰卡大学邀请，为该大学文学院师生作关于中国外交政策和国际新秩序的报告。听众兴趣浓厚，原因正如文学院院长斯米里先生讲的："一位外国大使用漂亮的阿拉伯标准语在我们的大学里作报告，这不仅以前没有过，而且在整个驻摩外交使节中也是有史以来的第一次！"原能源矿业大臣费塔赫的夫人第二天来电话说，她的外甥女在卡萨大学就读，听了中国大使的报告很受鼓舞，说想不到如此遥远的一个大国，竟专门培养懂阿语的外交官，表现了中国对阿拉伯民族的尊敬和对这一地区的重视。五年多里，完永祥多次接受摩电台、电视台以及报刊的采访，直接用他们的民族语言介绍我国改革开放政策和各方面的成就，扩大了祖国的影响。摩官方对此也十分欣赏，摩官方《撒哈拉晨报》主编、国务大臣阿拉维（内阁中地位仅次于首相）就曾三次在该报上撰写社论说："中国人的善于处事还表现在给我们派来了讲阿语的大使，如现在这位十分知名而又谦逊的完永祥先生，他不仅同国王陛下内阁的所有成员保持着诚挚的合作关系，而且和许多摩洛哥家庭建立了友谊……"正是在这样的不懈努力下，1990 年开始，中摩两国高层互访逐渐热络起来：

1990 年 7 月，中国国务委员兼外长钱其琛访摩。这是建交以来我外长首次正式访问，摩方极为重视，给予热情的接待。完大使在使馆为钱外长举行的午宴，竟来了 12 位内阁成员作陪，摩外交部礼宾司长十分惊讶，说在一个大使馆同时请到这么多位大臣集体出席，实为罕见。摩外交大臣菲拉利则开玩笑道："我们到中国使馆开内阁会议来了。"紧接着，1991 年 8 月，摩外交大臣菲拉利访华。

1991 年 11 月，摩王储西迪·穆罕默德亲王殿下（现在的穆罕默德六世国王）首次正式访华。1992 年 6 月，中国国家主席杨尚昆对摩进行国事访问，受到哈桑二世国王极其隆重和高规格的接待。这次访问实现了两国元首的首次会晤，把两国间的政治交往推向了历史的顶峰。同年 10 月，摩还第一次派高级军事代表团访华，两国关系得到全面加强。连续的高层互访让两国关系逐渐升温，之后，两国间部长、副部长以上的重要人员来往不断。

由于和摩政界重要人物关系建立了密切联系，使馆在关键时刻常得到他们的有力协助。如：

1989 年夏在摩举行的国际管理科学大会正值北京政治风波之后，台湾作为该组织正式成员，决定派"内务部长"率团出席。由于我们同

1992 年 6 月，哈桑二世国王、西迪·穆罕默德王储、拉希德王子和完永祥大使等在摩洛哥首都拉巴特机场迎候来访的杨尚昆主席。

摩行政事务大臣一家平时有着亲密来往，经与大臣本人直接磋商，摩方不仅以拒发签证阻止台湾与会，而且立即发函邀请完大使参加，并在会上利用东道主和执行主席的身份，积极协助我方工作。尽管当时格林纳达等国相继同台"建交"，会议还是通过了驱台纳我的决议，有力地回击了台湾当局大力推行的"弹性外交"和"银弹外交"。

1991 年 8 月，安徽省花鼓灯艺术团访摩演出，由于我民航误将摩首都拉巴特当作英国一城市，艺术团一行 25 人在当晚即将举行开幕式演出的情况下（请帖早已发出）仍滞留在巴黎，无法获得赴摩机座。时值休假季节，各航班全部爆满。在这万不得已的情况下，大使清晨设法向摩交通大臣求助（因摩航为国营航空公司），大臣即令该部秘书长（相

杨尚昆主席访摩期间专程到中国驻摩使馆看望馆员，左1为钱其琛外长。

当于我国的常务副部长）出面解决。结果，当天下午摩航驻巴黎办事处硬是在机场"扣下"20名摩乘客，让他们换乘下一个航班，使我艺术团演员得以全部登机，及时赶到拉巴特演出。此事被在场的法航工作人员称为"航运史上的奇迹"。

与此同时，完永祥在任期间还很重视经贸工作，积极支持国内有关公司赴摩开拓业务。1992年4月，中国土产畜产进出口总公司在摩举行"中国茶仪展览"，摩王储应邀主持开幕式并发表了热情洋溢的讲话。完大使即席用阿语致答谢词，语言流畅得体，全场振奋。仪式后，台上官员和台下听众纷纷前来祝贺。

中摩两国渔业合作也从无到有，不断发展壮大。摩洛哥大西洋海域渔业资源丰富，在这里捕鱼的外国渔船队，原来只有西班牙和苏联两家。完永祥到任后，积极协助国内有关企业与摩方组建合资公司开展联合捕捞。从1988年夏直接帮助中国水产公司同摩签约投产到1993年我们离任，先后成立了18家中摩渔业合资公司，中方投入64条渔船（占摩当时渔船总数的五分之一）和1200多海员在摩领海作业，取得较好的经济效益。至今我们还记忆犹新的是，1992年5月，我国第9批渔船

1988 年，西迪·穆罕默德王储殿下做客中国使馆时，宾主合影留念。

抵达摩南部大港阿加迪尔，那天我们早早就登上港口岸边的山巅等候，到傍晚时分，只见以"海丰 101 号"领航、13 条分别由大连和广州造船厂建造的渔船，前后呼应，鱼贯驶入港口，像一支庞大的舰队，极为壮观。周围的中国人和摩洛哥人欢呼雀跃，作为中国大使夫妇，我们更为自己的国家感到无比的骄傲。

夫人外交与文化活动完美结合

说到夫人工作，完永祥的履摩工作总结中有一段这样的描述："说到夫人，她在使馆的对外工作中的确顶了半边天……"算是对我的肯定。而摩方普遍的评价是："这是专为摩洛哥预备的天造地设的一对！"因我毕业于北京外国语大学法语系，之后留校任教，熟练运用法语是本职。而曾沦为法国"保护国"40 年的摩洛哥，法语基本和阿语一样全国通用。这里的上层人士大都在法国接受高等教育，精通法语，我发现其中不乏运用法语更为自如的。比如，不止一位大臣对我说，我丈夫的阿语比他们强，我说不可能，太夸张了，后来经他们解释，觉得还真有点道理，

1992 年，西迪·穆罕默德王储殿下主持中国茶仪展览开幕式。

缘由是阿语分文言（标准语）和土语，前者通用于整个阿拉伯地区，后者每个阿拉伯国家有差异。再有，文言必须上学校学，土语在家就会了，对那些主要接受法国教育的阿拉伯人来说，阿语的文言就不一定是强项（哈桑二世国王例外，据说他的阿语很标准，显然下过大功夫。当然，他的法文也很好）。所以，我依仗法语可以跑遍摩洛哥，加之我是华侨，小时候在海外就开始讲英语，这在使团很管用。完永祥大学时学的是英语，后来才学的阿语，两个人一共三种外语，搞外交自然得心应手。

虽然我之前曾以家属身份在（驻叙利亚）使馆工作，当大使夫人却是头一回。怎样才算是一名称职的大使夫人？似乎全世界都没有统一的标准，而实践证明，虽然在名分上是个配角，但实际上有广阔的活动空间。正像一个最佳配角可以为全戏大为增色一样，夫人的能量不可低估。

五年多里，我除了协助大使团结全馆同志搞好内部工作外，主要做了下面几件事：学本领、交朋友、搞活动、进行文化交流。

（一）学本领：活到老，学到老。

来到摩洛哥那年我 52 岁。为了更好开展工作，我决心学会开车。

苦练了两个月，我考下了驾照，就像长了翅膀一样。五年多里，凡是单独的夫人活动，我基本上都是自己驱车前往，经常一天好几场，还不时在活动后应一些夫人的请求送她们回家。这大大方便了工作，还联络了感情。由于我们夫妇都懂外语并会开车，时常各自分头活动，大大提高了工作效率。

此外，虽然我已掌握法、英两种外语，来到后却发现摩洛哥北部人们大多操西班牙语，我便把早年作为第二外语学过的西班牙语及时捡了起来。因在驻叙利亚使馆时就曾在大马士革的西班牙文化中心进修到中级班，所以我很快就能对付日常口语，后来竟凭着这一点，和国王御医本雅伊什夫人（西班牙裔）交上了朋友，先拜她为师，从语言入手，关系日益密切。她是摩保卫儿童联盟在拉巴特市的主席，通过和她的交往，我还连带结识了一批首都妇女界的头面人物。更重要的是，由于她一家与王室的特殊关系（她丈夫在斯海拉特政变中保护御驾身亡，全家从此得王室特别关照，儿子为王储伴读密友），通过她母子牵线搭桥，我们不止一次请到王储来使馆做客。这在使团中非常罕见，为后来促成王储访华打下了良好的基础。

（二）交朋友

这是搞外交的基本功，一届任期的成就大小，往往与交友的广度和深度直接关联，而夫人正好在这点上可以大显身手，帮助大使尽快和更好地打开局面。

交朋友是老生常谈，看似容易，其实并非俯拾可得，要下一番工夫，才能不停于表面，不流于形式。比如第一次拜会就需要认真对待，因为第一面的印象往往决定着以后关系发展的走向。为此，在确定了重点拜会对象以后，我都尽量做些准备。在拜会国王亲信、皇家宪兵司令苏莱曼将军夫人前，我就了解到她是摩考古研究所所长，写过关于萨累市古建筑的专著，于是在拜会时，我侧重谈考古方面的话题，赞扬她作为摩考古学家的先驱对发展和保护摩文化遗产所作的贡献，也介绍了我国考古方面的成就。这样一来，这位夫人一反过去给人高冷的印象，立刻变得非常热情友好，马上邀请我出席她主持的每月一次的"夫人茶会"（许多在此多年的大使夫人也未曾得到这样的礼遇），使我很快打入摩上层知识妇女的圈子里。不久，她还两次请我为该茶会作文化讲演。1992年，她又请我为她的考古研究所师生作了一系列关于中国考古重大发现的报告，还带领两个女儿出席。由于夫人间的关系密切，皇家宪兵司令也对我们格外友好。一次，大使带领使馆外交官参观由皇家宪兵负责组织的灭蝗事迹展览，竟是将军本人出面隆重接待，并亲自从头至尾一一为我们讲解，很不寻常。

首都拉巴特大区总督本沙姆斯在摩洛哥各大区总督及省长中资格最老，是国王跟前的红人。过去由于某种误会，他从不涉足中国使馆，其夫人更不出席任何外事活动。我去拜会这位夫人之前，知道她曾教过书，很有学问，酷爱读书，且父亲为法裔，法语水平高。在交谈中，我避免一般性的应酬客套，而是谈论摩洛哥当时新的出版物，并向她请教我正在撰写的博士论文中的一些观点、参考书目及语言问题（我在赴摩前曾利用一年的进修机会在巴黎大学注册读博士学位，写成了博士论文的提纲，完成了博士的预备阶段），她立即表现出浓厚的兴趣，随后把我的论文底稿要去，还主动为我做了一些文字上的修改。不久，我和她便成了无话不谈的好朋友，并通过她结交了拉米亚公主等一些宫廷贵妇。后来，这对以不爱交际闻名的大总督夫妇，只要是我馆的活动，有请必到，有时还携带子女或亲属同来。

俗话说"冰冻三尺，非一日之寒"，交朋友也是如此。要建立真正的友谊，光靠几次拜会远远不够，要经常做工作，不放过任何细节。比如每位夫人的姓名、年龄、爱好、子女人数及年龄段，甚至贴身女佣的名字，都最好心中有本账（摩上层家庭中都有女佣，电话通常是夫人的

摩洛哥首都拉巴特大区总督本沙姆斯携夫人出席中国使馆国庆招待会。

贴身女佣接，与她们搞熟有许多便当之处）。这一点令不少摩洛哥朋友吃惊，前议长本布什塔的夫人逢人就讲："没有一位大使夫人像中国大使夫人这么了解我们，她不但熟知我们的一切，连我们的儿女、孙子甚至女佣的名字都知道，太少有了。"（记孩子们的年龄段是为了选送读物时好适应青少年或儿童的不同需求）

联系感情很重要的工具是电话，我每天平均花在打电话上的时间很可观，但也值得。因为朋友多了来不及经常探望，而老死不相往来关系就淡了，补救的办法就是常去个电话（平素列好一个需要保持联系的夫人名单，附有电话号码），让对方感到你时时记挂着她。每次出远门之前必定电话告别，回来以后再电话问好，表示对朋友的尊重。每逢重大节日（开斋节、宰牲节等）更是要一一电话祝贺。如1993年元旦上午，我给拉巴特大区总督夫人去了个电话拜年，她非常高兴，说："我有五个儿女、七个孙儿孙女，却是你第一个来电话向我贺年，真是个有心人！"

平日常留心，听到哪位朋友生病或家中发生变故，立即作出反应，视关系的重要程度，或送花，或去医院探视，有时还请我医疗队的同志出诊（他们曾经我们介绍为不少摩要人及家属治病，反响很好）。国际奥委会摩籍委员本杰隆和夫人年迈有病，我和大使多次专程去他们卡萨布兰卡的家中探望问候，老夫妇十分感动。我们离任前，本杰隆坚持来使馆告别，并终于一口答应支持中国申办奥运会。

人心换人心，时间长了，我们就和摩洛哥人建立起真诚的友谊，他们也不拿我们当外人。对摩洛哥人来讲，斋月是家人团聚、亲戚之间走动的月份，这时收到吃斋月饭的邀请，表示对方将你当作家人看待，是一种不寻常的礼遇。于是，每年斋月，总有一些大臣和要好的朋友请我们去分享他们的斋月饭，但难掌握的是要在打炮时刚好走进主人家门入席，不能早到（以免难为主人招待），更不能迟到。因为这期间穆斯林从日出之始便滴水不进，一直到日落听见统一的打炮声才可以开始进食，而打炮的时间每天会有小的差异，请客的主人家离使馆有近有远，所有这些因素都得考虑周全。再有，夏天是这里的婚礼季节，请帖更是一张接一张，连首都以外的卡萨布兰卡、盖尼特拉、梅克内斯和马拉喀什等省市的朋友也纷纷来请，在使团中非常突出。不过，这方面的习俗也有讲究。与斋月饭正相反，起初我们按照中国人守时的好习惯，请贴上写晚8点半就准点抵达，谁知当仆人宣告中国大使夫妇光临时，只听屋里一片慌乱，原来主人还未着装呢。因为当地婚礼都拖得很长，很晚才开始主要节目，如新人露面、抬新娘绕场一周、新娘换装四至六次出来等都在午夜前后进行，一直要闹到次日凌晨，故而不管请贴上写几点，宾客一般在晚10点之后才陆续抵达，而且越是有身份的客人来得越晚。后来，我们也学乖了，每回10点半左右到达正是时候。我们还曾同一天收到两份婚礼请柬，只是开始时间不同，一为8点半，另一是9点。起初，我们没搞清楚其中的区别，最后硬是饿了一晚上肚皮，后来才知道，请帖上写8点半开始的有晚餐，9点开始的则只供应茶点。总之，对摩官方及友好人士的邀请，我们基本上有请必到，成为许多摩洛哥朋友生、丧、嫁、娶和各种家庭欢聚的座上客，出席一些通常外国人不被邀请只有至亲密友才能参加的家庭活动，被公认为是此间最活跃、朋友最多、知名度最高的外国使节。难怪上述摩《撒哈拉晨报》主编曾在评述中摩友好关系的社论中特别指出："中国大使及夫人与摩洛哥人交往很深，赢得了普遍的赞誉和尊敬。"这点在 1990 年国内《环球》杂志上一篇新华社记者刘作文撰写的《司徒双与摩洛哥的中国热》文章中有充分的介绍。

由于我们周围形成了一个包括政界、军界、新闻界、文化艺术界和金融工商界知名人士在内的广大的关系网络，其中有一些"铁杆"朋友，有事任何时候只要直接往他们家中挂个电话，马上就能解决问题。如上述花鼓灯艺术团访摩演出差点误场的事，情况十分紧急，幸亏我平素和交通大臣夫人过从甚密，大清早即刻打电话求助，她一口答应，马上告诉大臣，终于圆满完成了救场的任务（那晚的演出还特别成功）。

（三）搞活动

一个任期好几年，是关起门来过日子，还是敞开大门搞活动、造影响，我们选择的是后者。

单就夫人活动而言，据粗略计算，五年多时间里，大、中、小型活动搞了共有百余场。根据摩洛哥的国情，这是必要和可能的。因为首先这里是男性占绝对统治地位的社会，官方的正式活动没有夫人的份儿，有些地区（如南部的苏斯）的柏柏尔人中，妇女不能见家人以外的男性，只有搞夫人活动，才有可能把她们请来。另一方面，摩洛哥一向受欧洲特别是法国的影响较大，在不少方面又很开放，尤其上层社会的夫人们很喜欢交际，所以搞活动她们很乐意参加。

活动形式力求多样，除一般性的茶会、电影招待会、夫人午宴和晚宴外，还搞过儿童招待会、烹调表演及电视烹调课、太极拳表演及教授法语（曾在使馆授课三个月，参加者踊跃）、服装表演、茶道表演、慈善义卖、展览会和报告会等。

1993 年，摩洛哥国王哈桑二世授予完永
祥大使阿拉维（王朝）最高级勋章大绶带。

在活动的组织方面，值得一提的大约有以下方面：

第一，不仅注意活动的出席人数，更重要的是设法提高出席者的身份，在一定意义上，规格与影响成正比。上述的许多大型活动之所以在摩上层和外交界引起反响，就是因为每次都有王室成员（公主或其他王室眷属）或军、政界首脑夫人们出席（如首相、议长、大臣、将军等的夫人），而且其中为数可观的一部分人已成为我馆的常客。有一个例子颇能说明问题：1992 年 11 月，我们亚洲国家使节夫人为摩慈善机构筹款牵头搞了一次义卖活动，由于我通过国王礼宾官夫人的关系请到三位公主（国王的三个女儿）一同来为活动剪彩，一时大为轰动，人们蜂拥而至，结果我们以区区九国筹得的款数总额比先前全使团 70 余国大使夫人联合组织的义卖所得还多，放了颗卫星。

摩洛哥电视台派摄影团队来中国使馆拍摄大使夫人打太极拳，随后在全国电视台播放。

第二，抓新闻媒介，大造声势。现代社会的任何成功都少不了传媒的作用（否则是手工业方式，事倍功半）。为此，我们每次搞大型活动都把新闻界请来，并且有几个笔杆子朋友，及时把情况通过电台、电视台和各大报刊宣传出去，影响遍及全摩。比如太极拳表演那天，电视台不但来作了现场采访和录像，事后还专门派了一个摄制组来使馆拍摄我打太极拳和太极剑，向全国播放。摩洛哥的几家主要报纸，如《撒哈拉晨报》《新闻报》《马格里布报》《宣言报》等，也曾多次刊登有关我们各次活动的消息和评论。摩国家电台还在"妇女人物"专题节目里两次播放对我长达 30 分钟的专访，以至于在外事活动时，常有朋友前来表示祝贺，说他们通过报刊、收音机或电视获悉了某次活动的成功。更令人难以置信的，是我 1991 年应邀在卡萨布兰卡作的"丝绸之路"的报告，刊登在法国《扶轮协会月刊》上，竟被非洲最南端、印度洋上的法属留尼汪岛上的侨领、该岛中华总商会主席霍明祥医生读到。他特别写信到使馆，执意邀请我赴该岛用法语弘扬中国文化（因那里的第二、三代华裔已经基本不会讲汉语，对中华文化了解极少）。经请示部里同意，我利用休假时间于 1992 年 6 月赴该岛两周完成了此任务。弘扬祖国文

1991年，司徒双女士应
邀在卡萨布兰卡作报告。

化的影响从非洲最北头一下子传到了最南端，新闻媒介之威力可见一斑。

　　第三，做孩子们的工作意义深远。我每年春天组织一次大型儿童招待会，重点邀请摩各界妇女及使节夫人们带孩子（或孙子辈）来参加。前后搞过五次，深得人心，有许多动人的反应：独立党党部主任巴杜夫人说，她四岁的孙女第一次出席"外事活动"激动得不行，清晨即着上节日盛装，老早就催着要出门，终于还是提前来赴会；保卫儿童联盟主席哈萨尔夫人的九岁孙子尤素夫，参加招待会的第二天回到学校跟老师光讲中国，且咬定中国人都讲阿语，因为他在使馆看的卡通片和送他的小人书都是阿文的，可见印象之深；塞内加尔大使七岁的儿子玩得不愿走，竟躲在厕所里好不让他妈妈找到，这件小事在使团传为佳话；外贸大臣夫人说，她的两个孩子什么使馆也不知道，只认得中国使馆，每次路过时都兴奋地指认并要问："妈妈，中国大使夫人什么时候还请我们去？"议会秘书长凯杜尼十岁的儿子在电视上见到哈桑国王给中国大使授勋的镜头时，立即向父母发问："什么时候也给中国大使夫人授勋？"大家一致的评价是："你们把中摩友谊的种子埋在下一代的心坎里了。"

第四，充分利用文化优势，主动开展文化交流，这可以说是我几年里组织活动总体上的最大特色。这样做的考虑有二：一是中华文明的光辉地位世界公认，从文化入手搞宣传，不论左、中、右都能接受，都得佩服，效果最好（因此绝不仅仅是文化处的事）。二是有助于消除某些人怕我们搞政治渗透的疑虑，故而我以文化人、学者的面貌出现，始终畅通无阻——从皇亲国戚到一般平民都毫无顾忌地来参加我们的各项活动便是明证。

具体地讲，就是使大大小小的活动都带上浓厚的文化色彩。如一次请首相女儿等十几位显贵夫人来午餐时，我利用摩洛哥人最喜爱的中国青花玲珑瓷器（俗称"米粒瓷"）上的蝙蝠图案，给客人们比较中、西文化的差异：在西方文化中，蝙蝠因栖生在阴森森的山洞里，是一种通向黑暗和死亡的不祥之鸟，但在中国文化中，由于它与"福"字谐音，就成为老百姓喜闻乐见的吉祥图案。类似的还有鱼象征"余"（富裕），鹿寓意"禄"或"寿"（兽）等，客人们听得津津有味。临别时，首相女儿说，一般的夫人活动大多只是吃吃喝喝，来到中国使馆不仅品尝了精美的中国菜肴，还了解了中国文化，大有收获。其他如利用太极拳表演的机会，联系佛教与道教的影响，介绍中国武术；结合茶道表演，介绍陆羽的《茶经》以及中国悠久的茶文化；烹调表演及两次电视授课中，介绍中国的美食文化和各大菜系的特点，等等，听众都兴趣盎然。

这方面影响最大的，要数历次文化专题讲座。我曾在西方一些大学分别用法、英两种语言教授过"中国艺术史"，写出篇幅可观的法语和英语讲稿，此时进一步充实，用以开展对外文化宣传，取得良好效果。

几年里，大大小小的讲座搞过 30 余场，有关于中国文化特点、古代青铜器、秦兵马俑和长城、丝绸之路、敦煌壁画与佛教艺术、考古重大发现（马王堆一号汉墓、编钟）、中国装饰艺术中的吉祥图案等主题，结合展品、图片、幻灯和电影，先后在使馆和摩首都及外地讲演——北到直布罗陀海峡要塞丹吉尔，东达与阿尔及利亚接壤的重镇乌季达，南至西撒哈拉大门坦坦省首府，足迹遍及摩洛哥主要省市，受到普遍欢迎。最典型的如 1989 年 11 月到 1990 年 5 月的半年间，在摩九大城市举行的 13 场"中国艺术史"巡回报告会，新闻界作了充分报道，引起轰动。摩前驻华大使祖海尔的评价是："中国大使夫人率领秦兵马俑征服了摩洛哥。"梅克内斯省省长说："中国大使夫人带领我们到中国文化宝库里游历了一圈，使每个与会者流连忘返，对中国人民的崇敬心情油然而生，我们更加向往中国了！"连法国大使夫人也说："由于你的巡回报告会，近来摩洛哥到处是中国的声音。"（时值西方对中国制裁之际，有这样的反应实属不易）1992 年初开始，应摩六所大学的邀请，我先后在卡萨布兰卡、阿加迪尔等大学的文学院和得土安美术学校巡回讲学，反响更为强烈，常常在报告结束时被学生们团团围住，他们问问题、谈感想，要求签名或合影留念。卡萨大学文学院院长斯米里先生认为，当地历来讲授的世界历史和文化史课程过于受法国影响，以欧洲文化为中心，只认得古希腊、罗马，对东方尤其是中国文化非常生疏，这次听了系列报告，大开眼界。鉴于中国文化在亚洲乃至世界上的分量，他准备在他的文学院首次开设汉语以及中国文化史课程，眼下已在着手筹备，这在全摩将是首次。

最让我记忆深刻的是敦煌壁画临摹作品在摩洛哥的展出盛况。时值金秋，离任在即，忽然得知文化处来了一批由中央美术学院壁画系的教授专家们深入丝绸之路的艺海精心临摹绘制而成的敦煌壁画，真是喜出望外，因为这意味着继前面列举过的专题之后，可望以我国佛教艺术的瑰宝敦煌壁画来充当压轴戏，圆满结束我这五年多在摩洛哥的一系列文化活动。为此，尽管辞行应酬繁忙，我还是和文化处的同志们密切合作，精心设计，打好这"最后一仗"。几年来历次活动的经验证明，如果能够把"展"和"讲"结合起来，画龙点睛，便能使整个活动来得有声有色，取得理想的效果。这次自然也不例外，在查阅了手头所有有关敦煌的资料并仔细揣摩推敲了每幅作品的主题和表现手法之后，我用了近一个月的时间，写出了全部 42 幅临摹作品的法文介绍，结合其不同的历史时期，力图道出它们在题材、构图、造型、赋彩、风格和寓意等方面的特色，加上概论和结语，便是一份关于敦煌壁画的艺术报告会的讲稿了。事不宜迟，从 1992 年 10 月下旬到 12 月中旬的一个半月内，我们就从北到南在摩洛哥四个城市举办了五场敦煌壁画展览及报告会：北部得土安市文化中心（10 月 22 日）；首都拉巴特中国使馆大厅（11 月 12 日）和豪华五星旅馆摄政王饭店多功能大厅（12 月 14 日）；位于摩第一大港、经济首都的卡萨布兰卡大学文学院（12 月 11 日）；南部最大港口阿加迪尔。每场的对象不尽相同：在被誉为摩"美术家的摇篮"的得土安，来的是摩洛哥历史最悠久的得土安美术学校的师生，他们在校长的带领下踊跃出席，是我历次文化报告会的忠实听众。使馆和首都最大饭店那两场，出席的主要是各国使节、政府官员、社会名流和文艺界知名人士。在卡萨布兰卡大学，最感兴趣的听众自然是文学院为数众多的师生。而在阿加迪尔，则面对的是广大的市民。如此广阔的覆盖面，使这次系列活动在摩各阶层人士中引起强烈的反响，得到广泛的好评，许多人甚至要求购买展品。应该说，这当中摩传播媒介的积极宣传也起了不小的作用：摩官方最大的报纸《撒哈拉晨报》和进社党机关报《宣言报》都曾分别以整版篇幅报道敦煌壁画展览会和报告会的消息以及有关敦煌佛教艺术的介绍。在卡萨布兰卡大学文学院举办的那场作为"中国文化周"内容之一的敦煌壁画展及报告会，由于《撒哈拉晨报》于 11 月 12 日曾以显著版面将时间、地点、报告人等作了详尽的报道，以至于包括法蒂玛公主女儿朱玛拉夫人等一伙宫廷贵妇在看到消息后径直赶到大学文学

司徒双女士借助精彩的壁画摹本向贵宾
介绍丰富多彩的敦煌壁画与佛教艺术。

院礼堂来参加报告会。此事令文学院负责人大为吃惊，说是前所未有（因
摩王室女眷一般不参加百姓在公共场合的活动），因而对中国艺术这种
不寻常的吸引力感到钦佩。

使馆那场活动除了出席规格高、气氛热烈之外，不同一般的是第二
天我们接到很多电话，有祝贺成功的，更多是因故缺席表示歉意并要求
"补课"。当时大厅的画尚未取下来，我们便答应了他们的要求，谁知
延长一天还不够，结果是延长了两天才勉强满足了朋友们的心愿。来"补
课"的有几十位有身份的人士，其中包括公共工程大臣卡巴什的夫人、
摩前驻联合国代表斯卡利夫妇和土耳其大使（他的夫人出席了第一天的

报告会）等。这位大使看完了画，又仔细翻阅了陈列在大厅里的几本敦煌大画册，一边连声赞道："我从未想到在戈壁滩的边缘竟藏着这样一座不可思议的艺术宝库，今天大饱眼福了！"接着，他跟我重复了几遍"敦煌"这个词，临走时还高兴地说："我再也忘不了敦煌了！"

当然，这次系列活动获得成功的关键是敦煌艺术本身具有的不可抵御的魅力，令不同国籍、不同欣赏层次的观众都可以从不同的角度受到感染。比如一些对欧洲中世纪宗教艺术里那种呆板和程式化倾向记忆犹新的西方使节，便对敦煌壁画尤其是盛唐时期作品中艺术形象的生动、色彩的绚丽和风格的富丽堂皇有深刻印象，盛赞它们极富人间乐观情绪，是当时富有生气的社会生活的写照。意大利大使夫人偏爱的是秦岭教授临摹的《供养菩萨》，认为那娟秀甜美的面容、婀娜动人的体态，尤其是那富于诗意的风韵，大可与意大利文艺复兴先驱、绘画大师波蒂切利的名画《维纳斯的诞生》中那脍炙人口的爱神相媲美，不同的是维纳斯站在一枚张开的贝壳之中，而菩萨却亭亭玉立于一朵盛开的莲花之上。我顺便提醒了一句：两者的创作年代相距好几百年（《供养菩萨》作于7世纪左右，而《维纳斯的诞生》则作于1486年）。

身为画家的美国大使夫人说自己被壁画的色彩迷住了，她以行家姿态指着李林琢老师临摹的那张《西王母》对我说："这样大胆强烈的颜色对比，如此夸张和富有想象力的瑞兽造型，让人立即联想到现代美术中的'野兽派'（les Fauves），1400年前（隋代）的绘画竟具有这般浓厚的现代气息，实在令人难以置信！"

摩洛哥文化部艺术局局长、著名画家梅里希和夫人（亦为画家兼艺术史教授）则特别注意到代表中国画特点的线描在壁画中的运用，尤其是隋唐的飞天，可谓千姿百态。那长长的绸带，线条飘逸而有韵律。难怪这对画家夫妇异口同声地说，西方绘画中的天使尽管长着双翼，却没有敦煌的飞天那样充满无限意趣和动态的神韵，后者堪称线条运

有"摩洛哥艺术家摇篮"之称的得土安美术学院师生聆听司徒双女士的讲座后将她团团围住，要求签名和合影留念。

用的一绝。

李辰老师临摹的著名本生故事《九色鹿》给人们的启示更为难忘：这组壁画突破了印度独立的圆形浮雕和龟兹菱格式本生故事组画格式，继承了汉晋情节性绘画传统，采用了横卷式连环画形式，并把中国古老的"左图右史"的榜题用了上去。这一切，与敦煌在丝绸之路上作为"华戎之交"都会的地位以及当时（尤其是繁荣昌盛的大唐）的开放国策是分不开的。为此，如果将所有观众的感受集中到一点，那就是敦煌艺术的成就来自于它的兼收并蓄，使得来自南亚的犍陀罗风格（其本身也受到古希腊、罗马艺术的影响）、西域的龟兹风格以及中原的南朝风韵等统统融汇成一座无比灿烂的艺术殿堂。在回忆这几场在摩洛哥的"告别演出"时，我深深感激中央美术学院壁画系出色的艺术家们以及文化部外联局外宣处有见地又富实干精神的朋友们，正是他们的共同努力，才使得我们这些在国外第一线工作的人能够做"有米之炊"，达到弘扬祖国文化的目的。

离任的消息传出以后，首先是哈桑二世国王给完永祥大使授予了阿拉维（王朝）最高级勋章大绶带，以表彰他在任期内对加强中摩关系作出的卓越贡献。各方友人的饯行宴请更是应接不暇，其中最不同凡响的是王储西迪·穆罕默德亲王殿下（现在的穆罕默德六世国王），专门在他的府邸为我们夫妇举行小型午宴。临别时，王储还把摆在他客厅壁炉上的四个手工精制的摩洛哥皮革工艺品（沙漠行者不同姿态的模型）赠送给我们。这份珍贵的礼物一直放在我们北京家中多宝阁内最显眼的地方（摩洛哥制革水平堪称世界一流，但以往大多用于做服装或女用手袋，现在开始做艺术工艺品，是创新的路子，大有前途）。摩方除为我们夫妇共同举办的活动之外，单是为夫人送行的活动，一个多月就几乎每天不断，其中要数拉米亚公主本人以及阿米娜公主主持的保卫儿童联盟为我举行的两场送行茶会来得盛大，每场都有包括使节和摩上层夫人等的百人以上出席，有儿童献花。保卫儿童联盟主席致欢送词，联盟赠送三大件银器，这被公认为"史无前例"。据说公主们从未为任何一位大使夫人搞过这样隆重的活动，惹得新来的美国大使夫人连忙来问我到底做了什么事，得到摩方如此器重，还要求我给她介绍经验。其他一些使节的反应有：

印尼大使："我们认为中国有两位大使：一位政治大使，一位文化大使。"

挪威女大使："你是中国这样一个文明大国的当之无愧的代表。"

他们表彰的，实际上是我的国家，正如一位使节讲的："从你身上，我们看到了中国的变化和进步。"

其实，在摩洛哥几年的工作能得到如此大的反响，除了我国实行开放政策，放手让驻外人员发挥所长，用各种灵活的方式宣传自己，更得益于摩洛哥本身的包容和极为友好的态度。自从我们踏上这块土地，所有的门都向我们敞开，连最偏远闭塞的山区老百姓都张开双臂欢迎我们。例如1991年，国王老家所在的拉希迪亚省省长曾请中国、印尼、加拿大等几国大使夫妇到山里（伊米蚩）去参加当地的一个节日活动（按照习俗，大山里的未婚青年男女，每年在这个节日里由父亲伴随来到这里自由寻找爱侣，并于同一天集体举行婚礼）。那是一个风景优美而又十分闭塞的山区，没有公路，小轿车进不去，省长专门从军队调来吉普车，才把这一行人拉进了山。一路上，只见那陡峭的山崖高耸入云，延绵重叠，其巍峨磅礴的气势绝不亚于著名的美国大峡谷。可惜因交通不便，这里鲜为人知。当地的老百姓（柏柏尔人）好像从来没见过外国使节，我们每到一处，不论是什么时辰，朴实的山民们都按照接待贵宾的传统，捧上最好的菜肴——烤全羊（即使国王宴请，最高礼遇也是这道菜），外加鲜奶、椰枣和核桃等山货，等在路边。那天，我们一共经过至少五个村落，平均每两个小时左右便品尝一回烤全羊，尽管肚子早就装不下了，但那份真挚的情意实在令人难忘。另一次，在号称"沙漠之门"的南部坦坦省，我们又有机会领略了撒哈拉土著民（与毛里塔尼亚人极相近）的另一种待客热忱：那天我们上街购物，一跨进店门，只见老板半躺着斜靠在席地的垫子上，手里端着一杯茶（他们习惯喝中国绿茶），不紧不慢地喝着，见顾客来了也不起身，而是身子往里让让，并用手示意让客人过去躺下和他一道品茶，喝够了再谈买卖。看来，尽管是生意人，却把人情看得比交易重要，这种纯朴的民风在当今世界上实在少有。

离任后的惊喜

时光飞逝，1993年，离任的时刻到了，我们依依不舍地告别了常

1993 年，穆罕默德王储殿下在其官邸设午宴为完永祥大使夫妇饯行。

驻五年半的摩洛哥。之后，我们夫妻相继到了退休年龄，除了一直和那边不少朋友保持联系，不时接待一些摩洛哥来华旅游的朋友们之外，一切回归平静。

谁知，摩洛哥给我们的惊喜远未结束。第一条新闻是 2002 年刚登基的穆罕默德六世国王年初访华，这是好事，也极为正常。不同于以往的是，六世陛下访华期间要给两个中国人授勋，第一位是中国伊斯兰教协会会长，第二个竟然是我。刚听说时，我觉得不可思议，以为听错了，尽管这已是我得到的第二枚外国勋章（第一枚是 1996 年法国总理通过驻华大使授予的棕榈叶学术勋章）。直到 2 月 6 日，置身钓鱼台国宾馆灯火璀璨、贵宾满堂的大厅中，面对笑容可掬的陛下亲手为我佩戴勋章并亲口祝福的那一刻，我才真正相信这不是梦，激动的心情难以言表。

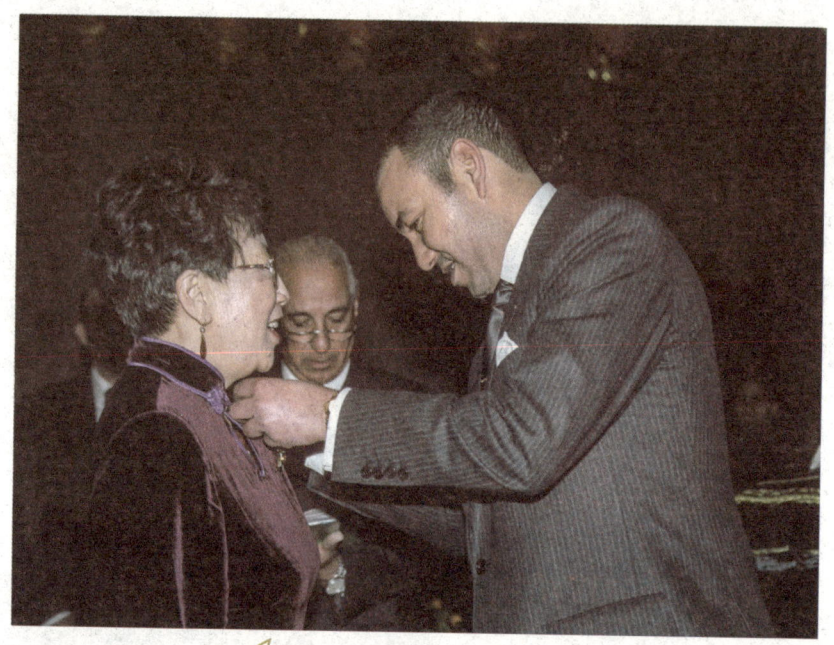

2002 年，穆罕默德六世国王访华期间在北京钓鱼台国宾馆为司徒双女士佩戴"阿拉维王朝骑士勋章"。

首先，我们离任已 9 年，在外交界，"人一走茶就凉"是个合理的常规（因为离任的大使已经不再代表国家）。其次，本人即使在任上时对外也没有官衔，只是一名大使夫人，不过是利用自己掌握的外语以及艺术史知识，做了力所能及的文化和友好工作，竟然得到驻在国元首如此高的褒奖，实在是受宠若惊。更何况，1992 年哈桑二世陛下已经给我的夫君授过勋，万万没有料到，整整十年之后，竟轮到六世陛下亲自给我授予阿拉维王朝骑士勋章。由父子两位国君先后分别给一对大使夫妇授勋，恐怕在世界外交史上也难找到先例。摩洛哥王室对我们的这番无与伦比的深情厚谊，已成为中摩友好关系史上的一段佳话。

原以为好事到此为止，谁知同年 5 月，摩洛哥王宫典礼局又专门通过摩驻华大使和我国驻摩大使通知我们，穆罕默德六世国王邀请我们夫妇出席他的大婚典礼。也就是说，我们将以陛下客人的身份重访摩洛哥。这时，我们忽然记起，9年前，还是储君的穆罕默德六世为我们举行辞行午宴时曾涉及这个话题，在提到即将到来的离别时，我们半开玩笑地说很遗憾将错过殿下的大婚了，他即刻回答："到时我一定请你们出席。"说实在的，我们当时只认为是这一句客气话，没有当真。我们普通人之间也常会出于好意，发出这种随口的邀请，时过境迁，不知不觉就抛诸脑后了。没想到，已身为国君的六世，这么多年之后还信守做王储时的承诺。这样一位重情义、一诺千金的国君，如何能不让人打心眼儿里敬重、佩服呢？

在出席大婚典礼的整个过程中，我们无时无刻不感受到六世的关切和照顾：头等舱的机座，五星级豪华宾馆，礼宾司专配的出行轿车和司机，所有活动的贵宾席上都有标明我们姓名的座席……其细致与周到，无不令人感动。

婚礼之后，我们还被特邀出席在北部大港丹吉尔举行的六世登基大典。登基节活动分两部分举行：男士们11点出席国王主持的庆祝典礼，晚上8点由新娘皇后设宴招待女宾（其实皇后的叫法不妥，因为摩没有皇后头衔，只称"公主"，新娘的头衔是"萨尔玛公主殿下"）。晚上，王宫司机将我送达马尔山宫时，只见满大厅都是盛装的摩上层夫人们，个个珠光宝气，就像一场卡弗坦（Kaftan，摩女式传统长袍）展示会。这里遇到的熟人更多，她们纷纷前来热情问候拥抱，一时间我成了大厅里的中心人物——缘由是这场晚宴原则上只有摩洛哥夫人们出席，连各国在任的大使夫人们也未有一个被邀请，所以我这个中国人更显得非常特殊，我也深感荣幸。10点过后，只听见一阵骚动，是公主们来了。大家欢呼雀跃地拥上前去，只见新娘子、大公主、二公主三位并排站在大厅另一端门前，一睹新娘芳容的时刻终于到了（大婚那天新娘一直披

穆罕默德六世国王赠送给司
徒双女士的全家福照片

着盖头）！真所谓百闻不如一见，早先从杂志上已知道这是位美人，可
此时的直观印象比照片强百倍：长长的秀发高高地挽成发髻盘在头上，
更衬出高雅的气质，修长的身段、娇美的面容，尤其是湛蓝的杏眼，宛
若天仙下凡。新娘这次在众人面前亮相还有一层更深的意思，是显示六
世对女性的尊重，在一定程度上也是对传统的突破。因为摩王室（像大
多数阿拉伯国家的王室一样）一向不让公众知道国王妻子的模样，哈桑
二世的全家福照片只有国王和五个子女（二男三女），而过去的王后仅
被称作"王子们的母亲"，老百姓无缘一睹芳容。六世这次让新娘公开
主持晚宴（虽然只请女宾），在摩是开天辟地第一回，是载入史册的举
动。这位年轻的国王登基以来，其开明的决策已赢得不少的赞誉，尤其
是他明确提出男女平等的主张，自己挑选的是没有任何财势背景、出身

平民家庭、受过良好教育（电脑工程师）的妻子，并保证只娶一妻。同时，新娘的照片早已登在报上，并被冠以皇家公主殿下的头衔，故这次国王婚礼被视作摩洛哥走向年轻化和现代化的象征。六世的爷爷穆罕默德五世一直被尊为"解放者国王"（曾致力于摆脱法国的殖民统治），父亲哈桑二世则是"统一者国王"，而他被誉为"仁慈（慷慨）者国王"。

正思量间，我已来到公主们面前，由她们身边的陪侍夫人唱名（告知来者为何人），只见新娘已伸出手来，我连忙迎上去紧紧握住，并表示祝贺和感谢。话音未落，后面的人已紧紧跟上，我只得继续匆匆前行，依次向大公主和二公主致意。最激动人心的时刻总是这样转瞬即逝，成为永恒的追思和不可磨灭的回忆。11点多了，再看餐台上摆满的山珍海味：从烤全羊到大龙虾，各色珍奇水果和精致点心，应有尽有，此时乐队开始演奏悠扬的安达露西音乐……我想，传说中的西王母"瑶池御宴"，恐怕也不过如此吧。此时此刻，在远离祖国的异邦，能受到如此隆重的接待，我觉得实在是三生有幸。席散时，已是次日凌晨。

至此，我们这次出席被法国《巴黎竞报》称为"一千零一夜2002版"的摩洛哥国王大婚及登基节庆典就圆满结束了。回国后，应杂志社之约，我写了一篇名为"亲历摩洛哥穆罕默德六世国王大婚"的报道，对空前盛大的皇家婚礼作了详尽描述，为的是与更多同胞分享亲身感受到的摩洛哥传统文化的特点和魅力。

这里，还需要插入一段两国文化交流的故事：六世国王在钓鱼台国宾馆授勋的仪式结束后，摩洛哥媒体曾对我进行专访。此时，除表达由衷的深切谢意外，我还许诺在有生之年要为增进两国人民的相互了解再做些实事。为此，我特意请随陛下访华的摩洛哥文化大臣穆罕默德·艾施阿利阁下推荐了几本摩最有代表性的现代文学作品。从他推荐的四本书中，我选择了将法蒂玛·梅尔尼西女士的《禁苑·梦》翻译成中文，一来作为女人对女性题材产生共鸣在情理之中；其次是感到本书可读性

由完永祥、司徒双夫妇联袂翻译的摩洛哥著名现代小说《禁苑·梦》中文版封面

强，语言风趣流畅，人物生动丰满；更重要的是，本书作者法蒂玛·梅尔尼西是摩洛哥现代最著名的女作家之一，也是公认的摩洛哥乃至整个阿拉伯世界最具影响力的女性代言人中的佼佼者。该书是她撰写的第一部小说，1994年英文版在纽约问世后即引起巨大反响，短短几年便被译为25种文字。于是，六世访华结束后，我们夫妇便着手该书的翻译工作，找来了它的英、阿、法三种文字的版本，然后逐字对照、查证、推敲，历时两年完成翻译工作，后得到中摩合资渔业公司宁巩总经理的赞助，于2008年2月由作家出版社出版。正是这年，中国发生了空前

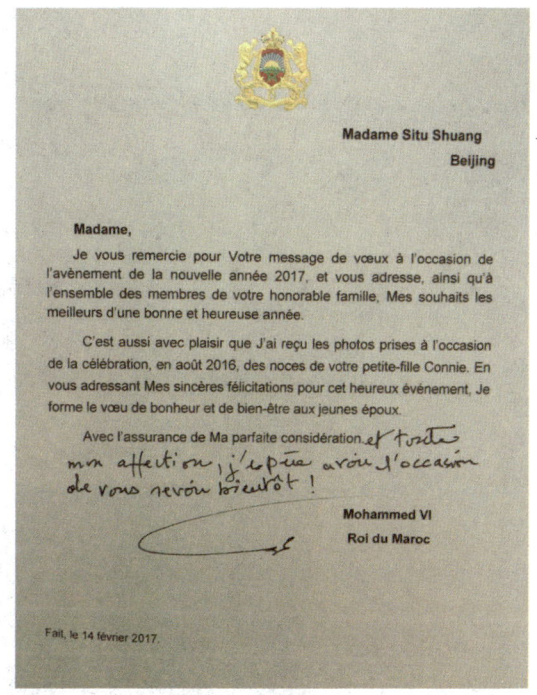

Madame Situ Shuang
Beijing

Madame,

Je vous remercie pour Votre message de vœux à l'occasion de l'avènement de la nouvelle année 2017, et vous adresse, ainsi qu'à l'ensemble des membres de votre honorable famille, Mes souhaits les meilleurs d'une bonne et heureuse année.

C'est aussi avec plaisir que J'ai reçu les photos prises à l'occasion de la célébration, en août 2016, des noces de votre petite-fille Connie. En vous adressant Mes sincères félicitations pour cet heureux événement, Je forme le vœu de bonheur et de bien-être aux jeunes époux.

Avec l'assurance de Ma parfaite considération et toute mon affection, j'espère avoir l'occasion de vous revoir bientôt!

Mohammed VI
Roi du Maroc

Fait, le 14 février 2017.

穆罕默德六世国王 2017 年给司徒双女士的热情洋溢的复函。结尾处手书的话意味深长，意思是希望有机会不久再见面。

惨烈的汶川地震，当巨大的灾难降临到中国人民头上后，穆罕默德六世国王个人捐款 100 万美元支援救灾行动，再一次凸显了陛下的慷慨仁慈以及中摩人民亲如手足的情谊。之后，当我们赴摩首都拉巴特，亲手将《禁苑·梦》中译本交给法蒂玛·梅尔尼西女士时，她欣喜若狂，爱不释手，盛赞该书的装帧极富阿拉伯韵味。当得知这是第一部译成中文并出版的摩洛哥现代小说时，她更是兴奋异常，企盼着 13 亿中国人民从此更加了解摩洛哥人的过去，还说只要一想到这点就对未来充满信心。临别深情拥抱时，她没忘记在我耳边加了一句："我以前总以为当大使夫人的只会把自己打扮得漂漂亮亮，微笑招待八方来客，可你不一样！"

故事讲到这里，读者一定明白了我们几十年来与摩洛哥千丝万缕的

2018 年 7 月 底，摩洛哥驻华使馆举行国王登基日招待会，司徒双女士应邀出席并与摩驻华大使梅库阿尔夫妇合影。

联系和感情交织，了解了为什么这个遥远的国度令我们如此魂牵梦绕。只因这一切远远超出一般的工作关系，而是一种建立在互敬互信之上的有血有肉的、充满人情味的、难以割舍的亲人般的真挚情谊。直到现在，虽然完永祥已离世 7 年，摩驻华使馆仍每年请我出席他们的国庆招待会（就是国王的登基节），我只要在京准去，像走亲戚一样自然。前年，六世国王还通过摩驻华使馆，送给我一幅包括陛下夫妇和他们两位漂亮的小王子、小公主，以及陛下全部兄弟姐妹在内的王室全家福照片，继续给我家客厅添增摩洛哥的亲切氛围。而自离开摩洛哥起，每年春节我永远不会忘记的，是给六世陛下发去贺年卡，顺便告知当年中国农历的生肖。而陛下在百忙中也从未疏于给我亲切的回复，这次的回信有些特殊，在打字的信函结尾出现几个手写的法语字"abientot"（不久见面），但后来我去美国西雅图探亲，就没再进一步探究其含义了。

摩洛哥国名的阿文原意为"西边"或"日落的地方"，与我们所处的亚洲东部日出之所南辕北辙，相距何止千万里。虽然远隔千山万水，但这从未妨碍我们两国之间人民的友好往来。据史料记载，14世纪我国元朝的汪大渊曾游历至摩洛哥；几乎在同一时期，出生在摩洛哥北部大港丹吉尔的阿拉伯著名旅行家伊本·白图泰也在伊斯兰教先知穆罕默德"求知，哪怕远在中国"圣训的激励下历尽艰辛来到中国，并各自留下有重要历史意义和参考价值的游记。正因为这样，我们有理由相信，如今因改革开放蒸蒸日上而令世界刮目相看的中国，与正在大踏步走向现代化的摩洛哥，携手通过实现"一带一路"的宏伟倡议，必将与丝路沿线国家共同再度创造人类文明的新辉煌。今天，我将与夫君当年出使摩洛哥难忘的点滴记忆奉献给读者，也是希望它能够帮助中国读者增进对摩洛哥人民的了解和友谊，衷心祝愿两国人民世世代代友好下去，共同实现两国的繁荣富强！

北非叠影
——哈桑二世大学孔子学院记事

王广大（上海外国语大学教授，摩洛哥哈桑二世大学孔子学院前中方院长）

2016 年，摩洛哥国王穆罕默德六世在访华期间宣布，从当年 6 月 1 日起对中国公民赴摩洛哥旅游予以免签证待遇，全面开放对中国公民的旅游签证。消息宣布的当天，便有很多朋友通过电话、邮件和微信联系我，想听我说说摩洛哥这个国家的具体情况，就这个国度是否适合学习、旅游甚或是经商向我咨询。

作为一名学者、一个中国人，我也向大家讲述了我眼中摩洛哥的模样，至于是否适合学习、旅游或是经商，还是由他们自己判断吧。2012—2015 年，我在摩洛哥哈桑二世大学孔子学院担任中方院长。在这两年的工作和生活中，摩洛哥对我来说从遥远的听闻变成了深入的看见。

摩洛哥，全称摩洛哥王国，是非洲西北部的一个沿海阿拉伯国家，东部以及东南部与阿尔及利亚接壤，东、南部是撒哈拉大沙漠，西部濒临大西洋，北部和西班牙、葡萄牙隔海相望。摩洛哥曾为法属殖民地，又因与西班牙只隔着一个直布罗陀海峡，所以摩洛哥人一般至少掌握两门语言：阿拉伯语和法语，或者阿拉伯语和西班牙语；对现在的年轻人而言，又或者是阿拉伯语和英语。

在摩洛哥，你可以在沙漠深处探索浩瀚的星空，可以骑着骆驼感受绿洲中恢宏久远的文明，也可以在先人留下的遗迹中触摸历史；可以在海边燃起篝火，也可以在时尚的殿堂中徜徉。岁月在这里沉淀，把撒哈

2013 年 1 月 18 日，摩洛哥哈桑二世大学孔子学院在卡萨布兰卡市举行揭牌仪式，摩洛哥国民教育部秘书长代巴尔（右 4）、摩中友协名誉主席阿尔当（右 5）、中国驻摩大使许镜湖（左 3）、上海外国语大学校长曹德明（左 1）等出席。右 1 为王广大。

拉的神秘、大西洋的浩渺、直布罗陀的祈盼、地中海的纯净一一收纳。

我在这个国家工作生活了两年，感触良多。就从我经历的小故事说起吧，每一个小故事都是一个大世界。故事的主角是这里的人，故事的场景是这片土地。

Smile, you are in Casablanca

刚到摩洛哥，便遇到了点儿小问题——托运的行李不见了。回忆了一下，行李箱中倒是没有什么贵重物品，无非是一些衣服和日常用品，只是第二天就是与外方校长约好会面的日子，给他准备的礼物还在行李

2014 年 2 月 15 日，哈桑二世大学孔子学院举办元宵节联欢会，图为与会者合影。

箱中！我赶紧找到机场行李处，工作人员联系了航空公司，被告知行李在转机的过程中不小心被遗漏了，希望我留下地址，过一日便会帮我直接送到家里。没有更好的办法，也只能先这样了，想到外方院长还在机场外面等我，赶紧三步并作两步往外走。刚迈开步，又被保安拦住了，我停下来，尽量保持冷静，心里想着今日黄历显示"不宜出行"，还是应该参考啊。却见保安对我报以迷之微笑，并在我的背包上粘了一张贴纸，上面写着：Smile, you are in Casablanca。我对着保安笑笑，走出了机场。外方院长接到我，还问："王，看你满面春风的样子，旅途还顺利吧？""很顺利呀，非常感谢你来接我。"微笑联动心情，我笑着回答他。"对了，我们的校长这几天忙着参加会议，要到下周一才能来孔院。你这边的日程安排没问题吧？"他抱歉地说。我指指背包上的贴纸，笑了，说："没问题！"

2015 年卡萨布兰卡国际书展期间，时任摩洛哥首相班基兰（右2）在展位上翻看中国出版的外文图书。

遇见摩洛哥首相班基兰

2014 年 2 月，摩洛哥国际书展在卡萨布兰卡举办，我们与中国驻摩使馆文化处联合设立了一个展台，用于展示中国文化，也通过这个平台宣传一下孔院。书展第一天，我们展示的中国书法便吸引了很多当地人聚集观摩。邻近的一家摩洛哥展商第二天就让他的女儿来我们展台预报名下一学期的初级班，甚至有年轻人在书展期间每天来展台阅读有关中国的书籍。

书展的第二天晚上，展馆内一切井然有序，我们的展台上有很多读者在读书、选书。忽然，听到很多人惊呼的声音"班基兰先生来书展了"，我不由望向人群聚集的方向，看见班基兰首相正被记者们簇拥着朝我们的展台方向走来。他一边走一边朝两侧展台的读者们微笑致意，竟是朝我们的展台走来了！他轻轻推开保镖的拦护，走上前握住我的手，说着"欢迎来摩洛哥，伟大的中国"，然后饶有兴趣地看着展台上的书籍，挑选了一本《美丽中国》，并俏皮地问"可以送给我么"，我说"当然"。

参加卡萨布兰卡国际书展的孔院
教师在展位上接受当地朋友咨询。

来不及表达更多，班基兰先生便在人潮中离开了。虽然只是短短的相见，
我依然感受到了中国在海外所受到的关注和重视，民族自豪感和爱国之
情油然而生。啊，我亲爱的祖国！

楼下的面包店

在摩洛哥，我的早饭一直是去住所楼下附近的面包店买，从孔院下
班回来路过面包店，正好把第二天的早饭买好。面包店里有大饼、面包、
蛋糕还有甜点，或许是先入为主的原因，多年前我在叙利亚养成了吃大
饼的习惯，来到摩洛哥，选来选去还是觉得大饼最好吃。

那天下班，我又去这家面包店买大饼。老板不在，只有一个十来岁
的小家伙守着店，看见我进来，便大声说："王教授下班啦，您是来买

大饼吧？我爸今天有事出去了，专门交代我最后一袋大饼必须留给您。刚刚有位爷爷来买大饼，我还告诉他卖完了呢。大饼下面的盒子里装的是蛋糕，是顾客们都喜欢吃的，送您一份，希望您也喜欢。"我付了钱，对小家伙说"谢谢"，便出门要走。小家伙又追上来，对我说："教授，前面巷子里的路灯坏了，您可能要绕道回家了。"

这样的小事，在国内看起来稀松平常，根本不值得一提，可对于身处异乡的我来说，小家伙和他家人的关心带给我的真是莫大的安慰啊！

你的梦想是什么

摩洛哥的情况有一点和中国比较相似：与城市相比，乡村和偏远山区的入学率和失学率都更高，再加上重男轻女的现象较为普遍，女童们的受教育情况就更加堪忧。鉴于这种情况，摩洛哥的一些企业和公益组织会在乡村援建希望小学，帮助乡村孩童入学，尤其是改善女童们的受教育状况。孔院的教学点——布斯库拉小学便是这样的一所学校，位于距离卡萨布兰卡市区 20 公里左右的一个小村落，是方圆几公里仅有的一所小学。所有的当地小学生均可免费入学，教师有本地的，也有来自卡萨布兰卡市区的，教学质量很有保证。因此，孩子们的学习劲头和成绩并不比城市中的同龄儿童逊色。

学校的课程设置和城市的小学相似，电脑、投影仪等教学设备也一应俱全，四、五年级的孩子除了可以选择学习法语、英语外，2013 年开始还可以选择新增设的中文。在教了半个学期的中国文化和中文之后，孩子们与我更加亲近了，会主动问一些有关中国的问题。我也从孔院拿了一些书放在教室供大家借阅，开阔孩子们的视野，也增加他们对中国的了解。

一天课上，我们讲到了职业，我就问大家"你长大了想当什么"。

每位同学就按照课堂上刚刚讲过的"老师、医生、工程师、文学家"一一进行了回答,轮到一个课堂上几乎不发言的女同学时,她说:"我想当……我能用阿拉伯语回答么?"看我点头同意了,她便用阿拉伯语说:"我长大了,想去中国学习,去深圳读书,看看为什么那个城市的人在改革开放之后的短时间内就能取得这么大的进步,还想去看看中国是如何帮助贫困人口脱贫的。您和我们说'授人以鱼不如授人以渔',我想学习这些经验,然后回来就做'授渔'的人,算是渔夫吧,老师。"孩子说完,羞涩地低下了头,似乎是因为没有按照书上的职业名称来回答而感到不好意思,也因为鼓足勇气酣畅淋漓地第一次在大家面前说了这么一大段话而有些不知所措。"同学们,让我们为这位'渔夫'鼓掌!"我被深深地感动了,其他孩子们也为听到这样一份内心独白而感到意外,感到鼓舞,甚至响起了口哨和欢呼声。那位女同学的脸红彤彤的,在掌声中抬起了头,眼神坚毅而自信。

我曾以为,一个人的力量很微弱,一个老师的影响也很有限,一个教外国人学中文的老师的影响更微乎其微,可是,这孩子的一番话让我体会到了自己的重任。这就是对"求知,哪怕远在中国"最生动的诠释吧。

不知今夕是何年

摩洛哥人大多数都比较"慢生活",路上没有人奔跑或是疾走,也没有人一边走一边吃早餐。卡萨布兰卡的有轨电车高峰期时段平均10分钟一班,非高峰期大约20分钟或30分钟一班。任何时候,大家都是闲庭信步,没有人为了赶地铁而在路上急匆匆奔走,这大概就是所谓的慢生活吧。适应了上海的快节奏,来到这里反而觉得不习惯了。来摩仅仅十来天,我便磨出了前所未有的耐心。办一件事有可能需要找好几个部门盖章才行,往往一天只能盖到一个章。孔院的中国教师中间流传着一篇软文,其标题为"论耐心是怎样养成的",用来互相劝慰。

第 13 届"汉语桥"世界大学生中文比赛摩洛哥赛区获奖者合影。

一日，我到一家店铺购买孔院办公用具，结账的是位老人，我问是否能开发票，老人说只有收据，边说着也就把收据开好了。写到日期那一栏，老人抬头问我："今年是哪一年来着？"我愣了一下，望着老人一副真诚的模样，才知道他并没有和我开玩笑。"2014 年。"我打开手机指给老人看。老人微笑着示意我把具体日期也指给他看，有些不好意思地说："人老了，糊涂了啊。"我不禁感叹："你们这是幸福指数高呀！""子孙满堂、一家人和睦就是现在最让我开心的事儿，不管今昔是何年啦。"老人眼中洋溢着满满的幸福。

5 迪拉姆

在摩洛哥，买蔬菜瓜果都是以公斤计算，可能是每家每户人口都比较多，大家一次购买的肉类、蔬菜、瓜果都至少有好几公斤。我来到这里自己住，大部分时候购买菜、肉都是一斤两斤的，冬季买水果会买上一两公斤，也够吃一段时间了。

一天，我路过菜场，在一个摊位上买了些生菜和茄子，要结账时，又看到了颜色清黄清黄的柠檬，就问老板："再加一个柠檬，一共多少钱？""蔬菜一共是 15 迪拉姆，柠檬送您啦，"老板非常轻快地说道。"我以后会经常来买菜，不能亏了您呀。这样吧，我付您 20 迪拉姆，不用找啦。"老板的小幸福的语气感染了我，我也轻快地说。"先生，我们的柠檬一公斤才 5 迪拉姆，您就当我今天开心大放送吧。"老板把蔬菜递给我，还有一张崭新的 5 迪拉姆。

一起过节

宰牲节对于穆斯林来说是个大节日，摩洛哥全国会放假好几天。节前，穆斯林朋友们打扫室内外卫生，家庭院落、大街小巷都打扫得干干净净，东西堆放得井然有序。节日这天，一大早街上便有人在喊："宰牲口嘞！谁家需要帮着宰牲口？"

吃完早饭，我到阳台上晾晒被子，正好看到对面三楼的阳台上在杀羊。说实话，我还没见过这阵势，国内见到的羊肉最多也是在菜场超市看到的。看了一会儿，我觉得很血腥，但又觉得小伙有着庖丁解牛的本事——那只羊竟是几乎没有痛苦地倒下了，便好奇地又看了一会儿。男主人抬起头看到了我，冲我笑笑打了个招呼。"宰牲节快乐！"我指指正宰羊的小伙，竖起了大拇指。"谢谢您！晚上到我家吃饭吧，一起感受下我们盛大的节日。"男主人真诚地对我喊道。这时，二楼的窗户也开了，一个男人的声音传了出来："三楼的先生，您是在邀请我么？！"男主人看看我，我俩都笑了，二楼的窗户里也传来了男人的笑声。

邻里融洽，热情好客，这样的国度叫人如何不喜欢？！

免费的出租车

一次从孔院打车去哈桑二世大学办事，上了车，我对司机说去文学院。"你会说阿拉伯语？"司机惊讶地看着我，又说："那您觉得摩洛哥怎么样，对卡萨布兰卡又有什么印象呢？"我说摩洛哥我只去过几个地方，每个城市都有自己的特色，卡萨布兰卡比较干净，这里的人们对外国人很友好。"那您更喜欢非斯的红，还是沙夫沙温的蓝，还是卡萨布兰卡的白，或是阿加迪尔的沙漠颜色？"司机像是在作一个问卷调查。我说我喜欢卡萨布兰卡的白，因为住在一个地方久了就会对这个地方产生感情。"那您也就是对摩洛哥产生感情啦。"司机快乐得像个孩子，兴奋地总结道。我说是的，我还喜欢马拉喀什广场上那个名叫瓦西姆的说书人，喜欢阿特拉斯山的雪，喜欢沃吕比里斯遗址柱子上的雕花，还喜欢文学院校门口的蜗牛汤。"先生，您说得太好了，我参加了一个业余演讲培训班，我要把您的这段话加入我今晚的演讲中，"司机有些手舞足蹈了，"我热爱我们的国家，热爱我们的国王。国王有时候会一个人去卡萨布兰卡的海边散步，据说有一次亲眼看到司机宰客，第二天就发布条令对海滩进行规范整治了。我觉得我们的国家在国王的带领下充满了希望，谢谢您热爱我们的国家。"司机说着说着动了情，几乎要热泪盈眶了。"前面的路口左转就到了。"我指了指红绿灯。"先生，与您交谈很开心，我决定今天请您坐车，不收取您费用了，"司机诚恳地说道，"听到您的阿拉伯标准语，我觉得我们自己对这个语言的重视真是不够，希望下次还能遇到您。"

一名特殊的学生

"马哈福兹（我的阿语名字）先生，我想来孔院学中文。"一个小伙用很正宗的阿拉伯语标准语站在办公室的门口开门见山地说，声音有

时任中国驻摩洛哥大使孙树忠（右2）等参加
哈桑二世大学全球孔院 10 周年庆祝活动。

点儿怯。"好啊，进来吧，欢迎你学习中文。"我心想，能做到全孔院第一个到校，这孩子一定是个好学生。"我昨天去语言文化节咨询过了，来这儿学中文需要交学费，"小伙看着我的眼睛，"我是叙利亚人。"他顿了顿，犹豫地说了下去："我在战争中随家人逃难过来的，我没有钱交学费，他们说您是这儿的负责人，每天会很早到孔院。我今天一来，真就遇到您了呢。"说完之后，他长舒了一口气，似乎是下了很大决心才说出来，然后继续看着我的眼睛，充满了期待。我很意外，却也不忍拒绝这双求知的眼睛。不过，有关财务的事需要与外方院长共同商量方能决定，我想了一下，说："那这样吧，你填写一个注册表，我们对于学习优秀的学生有奖励措施，最优秀的学生可以获得等同于学费额度的奖励。我先帮你垫付学费，等一个学年之后，你用你的奖学金再还给我。"这个时候，激励远远比同情和怜悯重要啊！小伙惊喜地紧握住我的手，又赶紧放开了，喃喃地说："对不起，我太激动了。"

一学年结束后，小伙以第二名的成绩向我报喜，哦，对了，是中级班的第二名、初级班的第一名。我向他表示祝贺，这次，他变得更加自信，大大方方地拥抱了我。

他或许永远不会知道，这是我迄今为止所做的最自豪的一次公益。"得天下英才而教之"，我也非常感谢他带给我的快乐。

2015年，我结束任期回国，箱子里装满了朋友们送的礼物。外方校长送的是《摩洛哥阿拉伯语标准语发展现状与未来》论文集；外方院长给的是叙利亚小伙未来两年学费的收据；楼下面包店老板准备了一份精美的甜点给我的亲戚邻里品尝；还有布斯库拉小学的学生们给我的留言册。感谢机场的保安、不知今昔是何年的老人、三楼男主人和出租车司机给我的礼物，我都带在身上了：微笑的脸，爱国的情，慢生活的步伐，还有已经养成的耐心。

北非叠影，叠影重重，每一个回忆都充满了正能量，教人向善、向上。

合作篇

中国和摩洛哥

法塔拉·瓦拉卢
（摩洛哥前经济和财政大臣、拉巴特市前市长、阿拉伯经济学家联盟主席、
摩洛哥议会左翼政党人民力量与社会主义联盟党团主席、摩洛哥磷酸盐集团
政策研究中心高级顾问）

躬自厚而薄责于人，则远怨矣。

君子求诸己，小人求诸人。

——孔子

虽然中国和摩洛哥两国因为地理位置、人口情况以及文明背景有着诸多不同，但是历史发展和现在的政治利益使得二者有着共同的关切，这构成了两国关系的基石。

相互影响和共享

将中国和摩洛哥相连的第一个因子是于1346年到达中国的伊本·白图泰（1304—1377）在中国的奇遇。他发现了这一遥远的国度，亲近了其民众，并欣赏了其文化和文明。在马林王朝君主阿布·伊南·法里斯命令下由伊本·白图泰口述，并由伊本·朱扎伊记录的《伊本·白图泰游记》中，记录了他的见闻。伊本·白图泰是证明当时的中国人使用纸币进行交易的摩洛哥第一人。

同一世纪，中国元朝的汪大渊（1311—1350）进行了两次远途旅行，一次是从亚丁出发到埃及，然后抵达摩洛哥的大西洋海域，另一次抵达东非的坦桑尼亚。回到中国之后，他留在了泉州，像伊本·白图泰一样，他在一部书中记录了自己的旅行见闻，这就是《岛夷志略》。

法塔拉·瓦拉卢近照

　　其实，在 13 世纪，摩洛哥对中国人来说就不再是未知之地。穆拉比特王朝苏丹优素福·伊本·塔什芬从沙漠征战至安达卢西亚的战绩传到了中国，引起了宋朝皇家成员赵汝适（1170—1231）的兴趣，他著有多本关于中国和阿拉伯世界之间贸易和交流的书籍。巴西的博学之士、精通西非和穆拉比特王朝历史的考古和历史学家 Paolo Fernando de Moraes Farias（他于 1966—1967 年出版的最初研究成果就是关于伊本·亚辛和穆拉比特运动）在一本关于穆拉比特王朝的著作中写道："阿尔穆拉比特运动的影响如此巨大，以至于引起了 13 世纪初一本中国著作对穆拉比特人的关注。"他引用了赵汝适《诸蕃志》中的话："大食国西有巨海，海之西有国不可胜计，大食巨舰所可至者，木兰皮国尔。"曾在巴伊亚联邦大学和伯明翰大学任教的这位巴西学者解释道："这里里的木兰皮国似乎是穆拉比特王朝统治下的西班牙南部地区。"精通摩洛哥和安达卢西亚历史的西班牙历史学家 Jeronimo Päez 在《穆拉比特王朝》一文中写道："在对运动的研究最为严谨的专家之一 Moraes Farias 看来，穆拉比特王朝的声名一直传到了中国。一本 13 世纪的著名古书对此进行描述，并不令人惊讶。"

可见，早在 13 世纪，中国人就为摩洛哥最伟大的穆拉比特王朝所折服。

在整个历史进程中，摩洛哥和中国的国家权力结构存在相似之处。两个国家虽然有文化基础上的巨大差异，但是政治结构都遵循数个朝代更替的皇权逻辑。因此，在这两个国家最初与西方、资本主义或者说现代化碰撞时，过往的历程和历史遗留都产生了影响。所以，两国与殖民主义的关系进程中有着交汇之处，我们甚至可以找到时间上的一些重合点：

15 世纪，葡萄牙人几乎在同一个时期占领了两个国家的领土：中国的澳门、摩洛哥的休达和梅利利亚。之后，这两个摩洛哥城市都被割让给了西班牙。

1842 年，鸦片战争为英国人占领香港铺平了道路，并导致了后来中国与西方国家一系列不平等条约的签订。同年，摩洛哥在与法国军队对战的伊斯利战役中战败，开始了国家被占领和被迫接受强权国家施加的贸易协定的历史。

1860 年，英法联军进军中国，受到削弱的摩洛哥则在得土安一役中败给了西班牙。

1912 年，中国废除帝制，法国将保护国协定强加给摩洛哥。

整个 20 世纪期间，与外来入侵国家之间的关系决定了两个国家的历史道路和为恢复国家主权而抗争的历史进程。在中国，共产党的诞生给该国提供了反抗西方帝国主义、抗击日本侵略以及此后实现国家解放和统一的武器。在摩洛哥，中央政府和解放运动的结盟使得国王亲自指挥战斗，反对保护国体制，直至获得独立，并继续为国家统一而战斗。

进入现代，摩洛哥在国王穆罕默德五世的统治下，成为最早承认中华人民共和国的阿拉伯和非洲国家之一。而中国，在摩洛哥为争取流放的穆罕默德五世回国和国家独立以及清退法国和美国军事基地的斗争中，与其团结一致。从1958年建交开始，两国就坚持发展建立在相互尊重基础上的双边关系。即便有着经济和政治体制上的不同，至少直到20世纪70年代末中国改革开放之前，两国一直保持这样的关系。而且，即便摩洛哥从20世纪60年代初就与西方有了紧密的关系，同时与其近邻即属于社会主义阵营的第三世界国家阿尔及利亚有了冲突，都没有对摩洛哥和中国的官方关系造成负面影响。

中国与摩洛哥进步主义的政权代表保持了紧密的联系。毛泽东从未掩饰过对穆罕默德·本·阿卜杜勒·克里姆·哈塔比及其上世纪20年代领导的里夫大起义的欣赏。毛泽东将其视为像胡志明一样来自乡野的革命者的范例。1971年，在回答希望从中国的抗争经验中取经的巴勒斯坦领导人的提问时，毛泽东说："你们有一个属于你们文明的绝佳参考，那就是穆罕默德·本·阿卜杜勒·克里姆·哈塔比。"此外，曾赴法国求学的中国共产党领导人周恩来和邓小平，也对里夫地区的抵抗运动有所了解。

在1955年的万隆会议上，中国表达了对为争取自身独立而战斗的摩洛哥的支持。中国共产党与摩洛哥进步党派建立了频繁的联系，尤其是阿里·亚塔领导的摩洛哥共产党，即便该党后来在中苏之间的意识形态分歧中更偏向苏联。在推动亚非团结和筹备亚非拉人民团结会议的背景下，中国共产党与摩洛哥人民力量全国联盟（UNFP）／人民力量社会主义联盟（USFP）保持了紧密的合作关系。迈赫迪·本·巴尔卡（摩洛哥人民力量全国联盟创始人）通过与包括中国在内的各方的持续联系，为亚非拉人民团结会议的筹备发挥了重大作用。

20 世纪 60 年代，摩洛哥大学生联合会（UNEM）与中国的大学生组织建立了紧密的联系。摩洛哥大学生联合会与中国以及苏联的大学生代表都保持了合作关系，即便中苏两国大学生在国际大学生联合会（IUE）的辩论中出现了分歧。后来，中国"文化大革命"传输的思想也成为摩洛哥大学生运动中左派倾向的源头。

中国共产党与摩洛哥主要政党都保持了联系。从 20 世纪 90 年代开始，中国根据摩洛哥政局的变化对上述关系进行了调整。

在官方层面，两国领导人进行了多次访问：周恩来总理于 1964 年访问摩洛哥，西迪·穆罕默德王储于 1988 年访华。此后，穆罕默德六世国王于 2002 年和 2016 年两次访华，中国时任国家主席胡锦涛则于 2006 年 4 月访问了摩洛哥。

摩洛哥和中国都经历了被殖民者侵略的历史，因此都对领土完整问题给予了持续关注。摩洛哥有数个沿海城市在 14 世纪被葡萄牙殖民。随后，西班牙夺走了休达、梅利利亚和舍法林群岛，并一直占领至今。20 世纪初，摩洛哥中部成为法国的保护地，北部和南部成为西班牙的保护地（西迪伊夫尼、塔尔法亚、萨吉亚阿姆拉、黄金谷地），丹吉尔则成为国际共管区。后来，摩洛哥逐步收复了所有这些地区。今天，摩洛哥一直在为其收复的撒哈拉省份（即西撒哈拉）获得国际承认而努力，并一直在争取休达和梅利利亚的回归。

1975 年，摩洛哥国王哈桑二世发起了收复撒哈拉省份的"绿色进军"运动。当时，他将该行动与上世纪 30 年代中国红军的长征相提并论。他在当年 11 月 6 日的演讲中提到："未来年轻人谈起'绿色进军'，会像谈起我们的朋友毛泽东发起的长征一样。"

而中国在近代则陆续遭到了葡萄牙、欧洲、日本以及沙皇俄国的入侵。在建立新中国之后，中国政府逐步统一了国家，于20世纪末收回了香港和澳门，并在"一国两制"理念下维持了两个特区的政治和经济体制。现在，只有台湾问题悬而未决——台湾虽然早已失去在联合国的席位，但在美国的暗中保护下维持着分裂状态。中国一直在为解决台湾问题而努力。

在寻求合理解决西撒哈拉问题的探索中，考虑到其历史和文化特殊性，摩洛哥提出在保证国家主权的背景下，给予其自治权。关于休达和梅利利亚，摩洛哥可以借鉴中国收回香港和澳门的经验，实施一项策略，使其可以收复失地，同时在特定的时期内，在特殊的管理、行政和经济体制下，保留西班牙的经济利益。

为此，围绕丹吉尔麦德港实施的重大经济项目、附属的工业区，以及纳祖尔新港口项目，都是瞄准迎接休达和梅利利亚回归的机制。

因此，摩洛哥和中国在实现领土完整的机制上有着相似性。摩洛哥为收复撒哈拉地区提出的自治方案以及为收复休达和梅利利亚而向西班牙提出的方法，与中国为收复香港、澳门以及未来解决台湾问题而提出的方法相似。两国都强调相关地区的历史和地理特性，同时对这些地区的回归持坚定态度。

在领土主权问题上，中国从不接受自决和公投原则，认为这会给与此问题不相关的外国势力干涉本国内政提供机会。摩洛哥也不能接受传统的自决机制，因为这同样会导致外国势力的介入。

最后，在非洲大陆上的战略利益，构成了当代将摩中两国紧密相连的重要因素。

中国因其大国地位，对原材料和能源的需求，以及与美国、欧洲和亚洲其他新兴国家之间的竞争关系，对非洲给予持续关注。为此，中国

法塔拉·瓦拉卢著作《中国与我们》
法文第二版封面。书名中的"我们"
指的是摩洛哥人、马格里布人、非
洲人、阿拉伯人、地中海沿岸国家人。
该书通过阐述"中国模式",探讨"我
们"的第二次超越。

与非洲国家建立了稳固的、多形式的合作体系,现在,这一合作也需要
适应新的发展模式。

摩洛哥从面积、人口以及经济层面来说,显然是一个很小的国家。
但是,这个国家希望在非洲发挥作用,主要出于以下原因:除了位于非
洲大陆北部且处于地中海和大西洋交汇处的地理位置,还因为与西部非
洲国家保持的精神和文化联系,使其通过撒哈拉深植在非洲大陆。

摩洛哥是在 2000 年 10 月召开的北京峰会上首批启动中非合作的
非洲国家之一。在 2015 年 12 月的约翰内斯堡峰会上,班基兰首相宣
读的国王讲话中提到了摩洛哥"在平等和双方共享利益的背景下,对中
非合作的战略性重视"。讲话中还强调,中国通过实现多极化世界的承
诺在非洲大陆的发展中起到了重要作用,建设"21 世纪海上丝绸之路"
是一个历史性的倡议,可以将亚洲、欧洲和非洲地区联系起来。讲话最
后提到,"摩洛哥因其战略性的地理位置,可以在新海上丝绸之路连接

大西洋、欧洲和西非中发挥建设性的作用。"为此，国王建议推动"在双赢的合作关系基础上与中国建立三方合作"。

21世纪的前15年，摩中两国元首进行了互访，双方的政治倡议也不断增多，但是未给两国关系带来质的飞跃。这很可能与经济相关，因为摩洛哥不生产中国市场所需的石油和原材料。同时，摩洛哥出口磷酸盐，这又与中国在世界市场上存在竞争关系。

但是，随着中国工业化进入成熟阶段，劳动力薪资水平提高，中国企业有了将部分产能外迁的新趋势，为摩中关系开启了新的前景。这一伙伴关系将会考虑到摩洛哥作为海上丝绸之路节点的地位。在此背景下，我们就可以理解穆罕默德六世国王2016年5月访华带来的巨大促进作用。

依然较弱的商贸关系

摩中关系的法律框架由涵盖了所有领域的130项协议构成。其中包括：

经济和贸易协定（拉巴特，1995年3月）；

外交部之间定期政治磋商的协定（1996年12月）；

民事和商事司法协助协定（拉巴特，1996年4月）；

民用航空运输协定（北京，1998年）；

关于体育领域的合作协议（北京，2001年1月）；

旅游合作协定（北京，2002年）；

卫生合作协议（北京，2002年）；

关于避免双重征税的协定（拉巴特，2002年）；

科技合作协定（拉巴特，2006 年）；

关于中国旅游团队赴摩洛哥旅游实施方案的谅解备忘录(2006年)；

关于摩洛哥柑橘出口中国植物检疫要求议定书（拉巴特，2008 年 4 月）。

即便有了完整的法律框架，但不管是从贸易往来还是从投资上来说，两国的商贸关系依然较弱。

1. 贸易往来

摩中两国的贸易往来从 2000 年开始大有起色，这反映了中国经济向非洲开放的进程。现在，中国是摩洛哥第三大进口来源国，但中摩贸易额在中非贸易中排名第十。2013 年，两国贸易额达到了顶峰，约为 37 亿迪拉姆，其中摩洛哥进口额为 31.3 亿迪拉姆。2014 年，两国贸易额下降（﹣8%），这是因为随着中国商品的成本开始攀升，中国对摩洛哥的出口相对下滑。

很明显，两国之间的贸易往来存在着不对称。在对华贸易中，摩洛哥的出口额只相当于其进口额的 7.7%。2014 年，摩洛哥对华贸易逆差达到了 27.2 亿迪拉姆。

贸易结构本身也不对称。摩洛哥从中国购买工业产品（汽车、各种装备产品、电子通信产品、家电）以及绿茶——摩洛哥是中国绿茶的最大进口国。同时，摩洛哥向中国销售磷酸盐及其衍生品（在试图平衡两国贸易额的努力中，中国作为这一矿物的生产国和出口国，同意向摩洛哥购买）、海鲜（鱼粉）以及废铁和数量有限的有色金属。

出口的疲软反映了摩洛哥缺乏将其出口对象多样化的能力，我们的主要出口对象一直停留在欧洲传统客户上。

在旅游领域，每年前往摩洛哥旅行的中国游客数量不足 1 万人，即便两国签署了协议，中国政府将摩洛哥作为旅游目的地国，且拉巴特和非斯加入了世界旅游城市联合会——该联合会 2015 年的年会在摩洛哥召开（中国对该联合会的运行有着直接影响，因为中国是世界第一大游客输出国，联合会的总部就设在北京）。

2. 中国在摩洛哥的投资

中国在摩洛哥的投资有限，低于摩洛哥处于欧洲和非洲之间的地理位置所代表的客观潜力。

但是，近年来这方面仍然有了进步，有大约 20 家中国企业在摩洛哥投资，涉及不同行业：信息通信、基础装备，尤其是海洋捕捞。相关企业包括海尔、中兴、华为、山东电建三公司、北京富邦德石油机械设备公司等。2014 年，中国对摩直接投资未超过 2.02 亿迪拉姆。摩洛哥缺乏天然气和石油储藏，或许解释了为什么中非发展基金很少在摩洛哥投资，因为这是该基金在整个非洲大陆投资项目的引擎。

但是，随着 2014 年 10 月摩洛哥投资发展署和中国投资协会签署谅解备忘录，中国增加在摩洛哥直接投资的可能性上出现了令人鼓舞的迹象。该备忘录旨在推动一个研究和行动项目，以在汽车、信息通信技术以及可再生能源领域吸引中国投资者前往摩洛哥。

在此导向下，山东山钢集团于 2014 年 7 月宣布将在丹吉尔投资 130 亿迪拉姆，制造用于出口的钢管。同样，上海电气集团提出在太阳能领域投资 20 亿美元。

2015 年 11 月在马拉喀什举行的中非企业家峰会促使武汉欧亚捷福焊接技术有限公司宣布在丹吉尔为雷诺工厂建设一条焊接生产线。同理，东风开启了和标致的谈判，以期形成合力，在盖尼特拉联合设厂。同样是在汽车领域，摩洛哥企业 Riad Motors 希望在国内推动中国卡车的组装产业。

在电信领域，中国企业华为和联想 2005—2006 年间分别在卡萨布兰卡和拉巴特设立了代表处。

数家中国企业涉足基础装备领域，计划在杰拉达建造一个大型燃煤热电厂，中国进出口银行出资 3.6 亿美元。中国海外工程公司建成了拉巴特环城高速公路布里格里格河谷大桥。

两家中国企业获得了在摩洛哥南部勘探和开采石油的许可证，多家中国企业表达了在公共工程、建筑、水处理、太阳能和汽车工业外包领域开展合作的意愿。

2015 年底，摩洛哥工业部与北京盛世欧亚国际工贸有限公司签署了意向书，将成立一个工业平台，接纳中国企业并通过专项投资基金提供资金扶持。

摩洛哥和中国推动投资合作的意愿促使摩洛哥银行向中国市场靠拢。在此背景下，2000 年，摩洛哥外贸银行在北京开设了代表处，并计划在上海开设第二家代表处。它从中国的国家开发银行那里获得了 17 亿迪拉姆面向中小型企业的信用额度。2015 年，摩洛哥外贸银行邀请中国企业家参与，组织了面向整个非洲的论坛。摩洛哥阿提哈利瓦法银行与中国银行于 2013 年 7 月签署了一个战略协议，使其具备了亚洲视野，并使用有望成为国际外汇储备货币的人民币。

中国方面，中国进出口银行在卡萨布兰卡开设了其在非洲大陆上的第二家代表处，面向 26 个西非和中非国家提供服务。2016 年 3 月，中国银行决定在将成为非洲金融重地的卡萨布兰卡金融城开设代表处。这一新的代表处将辐射北非、西非和中非。

3. 多形式的双边合作

摩洛哥和中国在 1982 年签署的合作协议的基础上，开展了在不同领域的合作，包括教育、科研、文化、纪念馆、艺术馆、宗教事务等。

根据协议，中国教育部每年向摩洛哥大学生提供 15 个奖学金名额，同时驻拉巴特的中国大使馆还提供 50 个奖学金名额。中国在拉巴特穆罕默德五世大学和卡萨布兰卡哈桑二世大学开设了两家孔子学院，用于汉语教学。同样，中国参与了摩洛哥高等教育和科研部与哈桑二世科学和技术研究院的科技合作。

在实践层面，华为公司开设了一个面向讲法语的摩洛哥和非洲年轻人的信息科技培训中心。

从 1975 年摩洛哥接纳中国医疗队开始，两国在卫生领域就有了积极的合作。现在，一共有 80 名中国医生分为 8 个团队在多个地区工作。

此外，地方合作近年来快速发展，主要通过友好城市或合作协议，包括卡萨布兰卡—上海、拉巴特—广州、丹吉尔—青岛、阿加迪尔—杭州等。

直到 2015 年，鉴于中国的世界强国地位，和摩洛哥的战略地理位置、隶属欧洲—地中海空间的特性以及深化非洲根基的意愿，摩中经济关系尚未达到应有的水平。

当然，中国正在发生的变化、新的增长战略以及"一带一路"倡议，将在战略性的视野下为两国关系注入新的活力。

未来，如果两国可以超越现在的竞争关系而转为合作关系的话，磷酸盐可以成为一大契合点。根据美国地质部门的数据，摩洛哥磷酸盐储量占全世界的 75%。如果说摩洛哥是世界上这一个原材料及其衍生品的第一大出口国的话，那么中国则是磷酸盐的第一大生产国（2014 年产量为 1 亿吨），紧随其后的是计划增加生产能力的摩洛哥（3800 万吨）。

摩中两国可以开展合作，将磷酸盐作为解决世界粮食问题的一大核心要素。事实上，中国因为消费结构的改变，粮食需求在增加，而非洲的粮食需求也在不断攀升。中国为了满足自身需求，必须保留这方面的产能。两国可以协调在这一领域的外贸合作，围绕化肥和粮食形成合力。

除了磷酸盐之外，摩中关系需要在新丝绸之路、中国的增长模式以及某些中国工业外迁的战略背景下前进。摩洛哥要利用其地理优势，吸引某些中国工业迁往摩洛哥。

在 2014 年 11 月由两国部长、银行家和企业家出席的中摩经济论坛上，就开始了关于两国未来走向的思考。双方签署了多个领域的合作协议和意向书，涵盖基础设施、能源、矿产、旅游、银行和汽车等行业。在本次论坛上，两国表达了将贸易往来多样化和平衡化，并推动中国和摩洛哥企业建立合约关系的意愿，以使两国企业迈向真正的协作关系，如中国可以将摩洛哥作为进军非洲和欧洲市场的平台。

2016 年国王访华：备受期待的转折

2016 年 5 月穆罕默德六世国王访华，为两国关系开启了值得期待的新篇章。由穆罕默德六世国王和习近平主席共同签署的关于建立两国战略伙伴关系的联合声明，象征着两国革新和深化关系的意愿。摩洛哥成为与中国缔结此类协议的 30 个国家之一。

摩洛哥的目标是使其对外关系多样化。它当然会继续保持与欧盟和美国之间的紧密联系，同时会面向新的前景。2016 年，穆罕默德六世国王先后前往莫斯科和北京进行国事访问，回应了国内的政治和经济关切。

国王访华期间，两国政府以谅解备忘录的形式签署了 15 项协议，这将促成经济和工业合作关系，使得摩洛哥形成以出口为导向的经济活动平台，主要通过在丹吉尔设立的涉及多个行业的经济和工业区，包括汽车、纺织、电子、航空、物流和可再生能源。此外，两国承诺在电力、碳氢化合物、基础装备，以及水资源由北部往南部输送等领域开展双边合作。双方还达成了在司法、安全、铁路运输、矿业、金融、文化、科学和军事工业领域合作的意向。

两国政府同意在旅游领域开展合作。摩洛哥已成为中国的旅游目的地国。在国王的倡议下，从 2016 年 6 月 1 日开始，中国游客前往摩洛哥不再需要办理签证。

两国中央银行签订了双边本币互换协议，将促进两国贸易往来和投资的发展。

摩洛哥三大银行——阿提哈利瓦法银行、外贸银行和人民银行均从这次国事访问中受益，与中国多家合作伙伴签署了协议，其中既有在非洲的共同合作项目，也有中国在摩洛哥的投资项目。

在非洲层面，阿提哈利瓦法银行与中非发展基金签署了一项向非洲企业提供贷款的协议，同时与一家中国开发商以及摩洛哥国家物流公司合作，签署了非洲国家区域物流的融资协议。

摩洛哥外贸银行与中非发展基金签署了一项为非洲发展项目融资和参与公共及私营贷款的协议。此外，摩洛哥银行将参与以摩洛哥为中心开展中国电力产品在非洲分配平台的融资。

在摩洛哥，两国将合作在丹吉尔建设一个工业和物流中心，摩洛哥外贸银行参与了该项目。该项目将用于生产汽车零配件，开展航空和铁路运输。

摩洛哥人民银行与中国企业签署了合作协议，为一家水泥厂、一家电动公交车装配厂、一家太阳能热水器和光伏电池的生产厂提供资金。

但是，此次国事访问中未能就化肥问题展开探讨，虽然这也是两国的关切。就中方来说，政府要规范磷酸盐生产，因为中国在这一领域既有几家大型国有企业的参与，还有众多小型生产者只顾追求短期利益的最大化而带来扰乱市场的风险。面对中国农业对化肥的巨大需求，中国需要维持其有限的储量。对摩洛哥来说，考虑到全球尤其是非洲粮食需求的增加，需要把握好化肥经济的未来。

中国前驻摩洛哥大使孙树忠在一篇发表于摩洛哥《撒哈拉晨报》的文章中对中摩战略伙伴关系进行了解读，他写道："新形势下，中国国家主席习近平先后提出了中阿共建'一带一路''中非十大合作计划'等倡议，成为引领中阿、中非合作的一面旗帜。"这一伙伴关系有"四大支柱"，就是政治、经济、安全、人文四大领域的合作。其中，政治互信是中摩合作的原动力，"中摩都主张尊重各国国情，由各国自主选择发展道路，坚持不干涉内政原则，倡导和平，主张通过对话和协商解决争端"。

他观察到，穆罕默德六世国王提出了打造"品牌摩洛哥"的倡议，摩政府还推出了"2014—2020工业化加速发展战略"，正大力兴建保税区、高新技术园区和物流园区，希望发挥"三洲通衢"的地理优势，筑巢引凤，吸引外国投资，承接国际产能转移，实现摩工业和制造业跨越式发展。

对中国来说，这一伙伴关系注重在安全领域的合作，表现为双方签署了引渡条约和刑事司法互助条约。他表示，摩洛哥已成为国际安全领域不可或缺的合作伙伴，中国需要摩洛哥这样安定、可靠的朋友。

中国希望发展两国的旅游合作。孙大使认为，中国游客的来临将带动摩酒店业、服务业、手工业、航空物流等各相关行业的发展，为摩提供更多就业机会，改善中摩贸易不平衡状况，同时加深两国人民相互了解，带动更多企业来摩投资兴业。

上述协议的实施，将使摩洛哥成为"一带一路"建设所涉及的70个国家之一。这一倡议的实施，将赋予摩洛哥在工业领域扮演非洲和欧洲之间重要节点的契机。

　　在中国的参与下，这一倡议将帮助整个地中海地区成为非洲—地中海—欧洲的联合生产区，而这是以前单纯的欧洲—地中海框架无法实现的。因此，地中海南北两岸国家有必要联合起来，共同为构建非洲、地中海和欧洲联合生产纵向大动脉而努力。

丝绸之路两端牵，万水千山总是情

——记中国、摩洛哥共建海上丝绸之路

孙树忠（中国前驻摩洛哥大使）

绿茶文化的情怀，民心相通的根基

2017 年 7 月初，我完成了四年的驻摩洛哥大使任期。离任前，我安排了一些重要的礼节性辞行拜会。我最先拜访了老朋友、国王文化顾问阿祖莱，并与他进行了一次长谈。进入他的办公室，按摩洛哥的礼节，服务员上茶待客，话题也就从"茶"开始了。顾问说，摩中远隔千山万水，但绿茶把两国民众的心紧紧地连在一起。摩洛哥家家户户每天起床后的第一件事，就是请出 chine（茶托盘，原意是"中国"），喝茶，吃早餐——喝的是摩洛哥方法煮的来自中国的绿茶。五六百年前，中国的绿茶文化已深深扎根在摩洛哥民众的心里。据史料记载，从 14 世纪起，中国的茶叶、瓷器、丝绸等物品受到摩洛哥人民的青睐，并通过摩洛哥源源不断地运往欧洲。中国的商船沿古代海上丝绸之路驶往欧洲途中，停靠摩洛哥南部城市索维拉，用绿茶交换食品和淡水。此时，绿茶在摩洛哥只有达官贵族才能享用。随着贸易的发展，摩洛哥大量进口中国的绿茶，绿茶逐渐成为摩洛哥民众的日常饮品。目前，摩洛哥已成为世界上中国绿茶最大的进口国，年贸易额达 3 亿美元之多。摩洛哥人自豪地说，加了薄荷和糖的摩洛哥绿茶，是摩洛哥化的中国茶，是两种千年文化和文明的结合与互鉴，也是两国人民友好往来和情谊的象征。它有别于西方殖民主义强加的文明。

国之交在于民相亲，民相亲在于心相通。"尚中贵和"的茶文化像

2016 年 5 月 11 日，中国国家主席习近平在北京人民大会堂东门外广场举行仪式，欢迎摩洛哥国王穆罕默德六世访华。

无形的纽带，将中摩两国人民紧紧联系在一起。民心通则往来密。近年来，中摩双边人文交流发展迅速。2016 年开年，使馆主办了"欢乐春节"文艺演出，紧随其后，北京、上海、内蒙古、浙江等地的歌舞团、文艺团组纷纷来到摩洛哥交流演出，掀起一浪又一浪的中国文化热潮。2017年得土安国际电影节和非斯神圣音乐节，中国作为主宾国参加，参演节目受到观众高度评价，被称为"东方文化艺术的瑰宝"。4 月，中国国际广播电台在卡萨布兰卡举行中国影视剧展播签约仪式，阿拉伯语版《金太狼的幸福生活》在摩洛哥 2M 电视台正式开播。

摩洛哥民众向往中国的文化，热切期盼参与" 一带一路"建设。"汉语热"已席卷摩洛哥青年学子、社会精英和工商各界。学汉语成为一种时尚，在摩洛哥方兴未艾。受条件限制，目前在摩洛哥只设立了三所孔子学院。但另有好几所大学要求开办孔子学院，经协调，其他地区的大学目前只开设孔子学院分部。另外，在卡萨布兰卡哈桑二世大学和拉巴特穆罕默德五世大学，都开设了中国文学专业博士生班。摩洛哥成为阿拉伯国家中第一个拥有三所孔子学院的国家。除此以外，汉语教学已经深入到了摩洛哥小学。摩洛哥出口银行设立的环境和教育基金会在摩洛哥和其他非洲国家资助建立了100多所爱心小学，其中3所小学开设了汉语课堂，利用远程教学的模式教授汉语，在北非地区首先尝试"因特网＋汉语教学"，并获得成功。中国文化中心的选址已经得到摩洛哥外交部确认，预计2018年年底将对外开放。中摩人文和旅游交往进入"黄金期"，这将加深两国人民相互了解，使中摩友好更加深入人心。

追寻先驱友好交往足迹，共谱当代丝绸之路新篇

2014年初春，摩中友协和拉巴特穆罕默德五世大学联合主办"缅怀摩洛哥伟大的旅行家——伊本·白图泰研讨会"，主办方特邀请我出席并作主旨发言。伊本·白图泰是一位阿拉伯家喻户晓的智者。1346年，这位摩洛哥大旅行家根据先知穆罕默德"求知，哪怕远在中国"的教诲，艰难跋涉抵达中国泉州，后到广州、杭州和大都（北京），在中国逗留了三年多。他详细考察了当时中国社会的各个方面，并在其游记《异境奇观》中向世界尤其是阿拉伯人民介绍了中国古老文明和发达的经济社会状况，在古丝绸之路上留下了千古传诵的一段佳话。而在伊本·白图泰远渡重洋来到中国前十年，1336年，中国元代旅行家汪大渊就曾到达摩洛哥丹吉尔地区。中摩两国人民在14世纪就开启了"互访"，民间友好交往源远流长。

2013年，中国国家主席习近平先后访问中亚和东南亚，向国际社会提出了共建"丝绸之路经济带"和"21世纪海上丝绸之路"的倡议。考虑到这次研讨会主题与"一带一路"倡议高度契合，重温古丝绸之路的不朽记忆，正是为了展望21世纪海上丝绸之路更加美好的未来，我

再次认真学习领会了习总书记的有关讲话，发言中重点介绍了"一带一路"倡议的宗旨、内含和思路。共建"一带一路"的倡议体现了中国政府在坚持全球经济开放、自由、合作主旨下促进世界经济繁荣的新理念，也揭示了中国在对外合作进程中如何惠及其他区域、带动相关区域经济一体化进程的新思路，更是中国站在全球经济繁荣的战略高度推进对外合作跨区域效应的新举措。

古丝绸之路的形成，不是靠国与国之间的战争与征服，而是靠彼此的自然往来与交流。它展现了一条不同种族、不同信仰、不同文化背景的国家完全可以共享和平、共同发展的合作道路。

当前，世界各国的经济往来日益密切，超越了地区的视野，新丝绸之路正预示着世界新兴经济体的崛起之路。中国和亚非国家都处于发展的关键阶段，都致力于保持经济长期稳定发展。建设一条新的稳定繁荣的丝绸之路经济带，一头连着潜力巨大的东亚经济圈，一头系着发达的欧洲经济圈，能够拉动沿线各国的经济发展，为各国人民带来福祉，同时也有利于地区的和平稳定。

中国与亚非各国已日益成为不可分割的利益和命运共同体。"丝绸之路"是当时对中国与西方所有来往通道的统称。当前中国所倡议的"一带一路"，也是出于中国与世界，尤其是亚非国家共同发展的需要。"一带一路"建设将使亚、欧、非各国经济联系更加紧密，相互合作更加深入，发展空间更加广阔。

北非是古代陆、海丝绸之路西端的交汇地带。摩洛哥是唯一一个连接地中海和大西洋的非洲和阿拉伯国家，具有连接欧亚非的区位优势，历来是丝绸之路的重要枢纽。因此，无论是从陆上还是海上，摩洛哥都可以发挥辐射效应，与"一带一路"有效对接。站在新的历史起点上，中摩应当追寻伊本·白图泰和汪大渊的足迹，借助"一带一路"的东风，不断推动两国友好合作关系深入发展，使摩洛哥再度成为21世纪海上丝绸之路西端的"排头兵"。

会后，主办方与我联系，说王宫来电话索要我的讲话稿，并详细询问、了解"一带一路"倡议的框架和内容。此后，国王顾问告诉我，他看了我的讲话稿，充分理解了习近平主席共建"一带一路"倡议具有的划时代意义。摩洛哥王室对习近平主席的倡议以及互利共赢的合作理念给予高度赞赏，将积极与中方沟通，参加共建"一带一路"的伟大事业，并将出台新政策对接中国的倡议。同年，摩洛哥推出"2014—2020 工业化加速发展战略"，特别明确提出，中国为主要合作伙伴，摩洛哥要发挥"三洲通衢"的地理优势，吸引中国投资，承接国际产能转移。摩洛哥也将申请加入亚洲基础设施投资银行、签署共建"一带一路"的合作协议。国王明确，在未来的国际合作中，中国是摩洛哥最重要的战略合作伙伴。

政治互信的战略伙伴，互利共赢的携手合作

摩洛哥王国于 1956 年正式独立，1958 年即与中华人民共和国正式建立外交关系，是第二个与新中国建交的非洲及阿拉伯国家。长期以来，中摩两国的友好合作关系具有深厚扎实的民众友好基础。60 年的历史见证了中摩友好合作的光辉历程，两国政治互信更加巩固，合作意愿不断增强。

2016 年 5 月 11 日至 12 日，应习近平主席邀请，摩洛哥国王穆罕默德六世对中国进行国事访问。两国元首共同宣布建立中摩战略伙伴关系，为双边关系规划蓝图，指明方向。同时，两国签署了 15 个政府间合作协议、15 个企业间合作意向书，涉及经济、投资、金融、文化、教育、司法等各个方面。摩方计划在直布罗陀海峡南岸的丹吉尔设立工业园区，专门吸引中国企业投资，对接中国国际产能合作。此外，摩洛哥高速铁路、北水南调、港口建设等多个重要大型项目也都在规划之中。

习近平主席与穆罕默德六世国王在北京人民大会
堂签署《中华人民共和国与摩洛哥王国关于建立
两国战略伙伴关系的联合声明》后握手致意。

　　穆罕默德六世在访华期间还宣布，对中国公民实施免签，以促进双
方人员往来和投资，这为中国公民赴摩旅游，中国企业了解、考察当地
市场提供了便利。这也标志着摩洛哥对华全面开放，双边务实合作进入
了一个新时期。在过去的 60 年里，中摩双方签署了 300 多项合作协议，
囊括了政治、经济、社会、科技、教育、军事等各个领域。有了良好的
政治保障，还需要务实稳步推进，以使双边务实合作造福于两国人民。

　　随着中摩两国共建"一带一路"和国际产能合作的不断推进，包括
丹吉尔穆罕默德六世科技城、努奥二期和三期太阳能聚热发电站、杰拉
达燃煤电站项目等一批互利共赢的务实合作项目很快落地生根，开花结
果。项目金额达 20 亿美元的努奥电站，是目前世界上在建规模最大的
太阳能槽式、塔式混合光热电站项目。这也是摩洛哥和沙特投资、西班

牙和中国企业工程承包的三方合作项目，设计装机容量为 350 兆瓦，将成为世界规模最大的太阳能聚热电站。

摩洛哥工业贸易投资与数字部部长阿拉米曾在对我谈起中摩务实合作时说：摩洛哥是中国"一带一路"倡议最有价值的合作伙伴之一。我们王国一直以来都在非洲和世界其他地区的经贸合作中发挥桥梁作用。摩洛哥已经与世界上54个发达和发展中国家签署了双边自由贸易协定，是非洲第二大投资国。这证明了我们与全球市场和国际经贸有着密切的联系。开展中、摩、非三方合作，有助于确保"一带一路"向西部非洲延伸的成功，中国必须要有强大的非洲合作伙伴。 摩洛哥有完善的高速公路、港口码头、电力等基础设施，以及初具规模的食品加工、汽车、航空、纺织服装、电子电器和可再生能源等制造业。中国完全可以在摩洛哥设立工业制造中心，面向美洲、欧洲和非洲开发市场。摩中战略合作将对非洲未来的经济社会发展发挥重要作用，对我们来说，毫无疑问会获得收获，而且是互利共赢的。

摩洛哥—中国：服务于南南合作的历经考验的友谊

法西·努尔丁（摩洛哥王国驻华使馆参赞）

法西·努尔丁参赞（右）与摩洛哥前驻华大使哈基姆（左）

　　摩洛哥王国和中华人民共和国之间的关系有着悠久的历史。历史上，摩洛哥的商人和旅行者通过海上丝绸之路来到位于亚洲的中国土地上。最广为人知的当然是摩洛哥著名旅行家伊本·白图泰，他在中国停留了超过三年的时间。他的游记已被翻译成中文，提供了很多关于当时中国的资料。

中国国家主席刘少奇（左3）等与摩洛哥首任驻华大使阿卜杜勒·拉赫曼·兹尼贝尔（左2）合影。

长久和典范的政治关系

摩洛哥王国和中华人民共和国的双边关系堪称南南合作关系的典范。

这一典范关系不是偶然的结果，首先是因为两个国家都有过为争取国家独立而抗争的相似历史，并且曾经相互支持。60年前，摩洛哥王国承认中华人民共和国，又进一步加深了这一关系。摩洛哥也成为非洲第二个与中华人民共和国建立外交关系的国家。

这一稳固的关系也同样建立在我们两国对外政策和国际视野的高度相似上。摩洛哥和中国都将其对外关系建立在以下基本原则之上：（1）不干涉他国内政；（2）通过协商的和平途径解决冲突；（3）尊重国家的主权和领土完整；（4）相互尊重。我最后还要加上两国各自对外政策的核心一点：南南团结和双赢合作。

在这些普世价值的基础上，两个国家可以自豪地宣称建立了稳固的友谊、合作和共处关系。

为了证明这一堪称典范的双边关系，我仅列出以下几个重要数据：

规范我们两国双边关系的法律框架由超过 180 个文件组成，涵盖了所有的合作领域，并加强了我们的合作关系。

两国在联合国和其他国际组织内相互支持，不仅仅限于支持对方的候选人，还支持对方在国家、地区和多边问题上的立场。

两国在最高领导层面进行交流互访的频率，同样表明了双边关系的稳固。摩洛哥国王于 2002 年来华进行国事访问，时任中国国家主席胡锦涛于 2006 年对摩洛哥进行了国事访问。随后，2016 年 5 月 11—12 日，国王来华进行了第二次国事访问。

同期，多个政府、议会和司法代表团以及省级和政党代表团也进行了互访。这些频繁的互访交流对加强两国关系起到了积极作用。

前进中的战略伙伴关系

穆罕默德六世国王 2016 年 5 月成功访华，两国元首围绕数个具有决定性的国际问题表明了共同立场，尤其是签署了两国之间建立战略伙伴关系的联合声明，以及数个双边合作文件，主要涉及司法、经济、金融、工业、文化、旅游、能源、基础设施以及领事领域。

需要强调的是，只有 30 个国家与中国建立了战略伙伴关系。通过此举，中国向世界宣告其认为摩洛哥能够成为可持续和互利共赢的伙伴国家，这充分体现了此声明的独特性质。

这首先是为摩洛哥和中国带来益处的一个伙伴关系。摩洛哥因其有利的商业气氛和稳定的政局，是一个对中国投资具有吸引力的国家。同时，中国也将摩洛哥视为进入非洲大陆的一个必经的平台。摩洛哥与欧洲和北美之间良好的伙伴关系，也进一步加强了这一比较优势。

声明描绘了两国合作的框架和未来前景，表明了将双边关系纳入一个战略性框架的意愿，清晰定义了这一主要建立在友谊、团结和合作基础上的伙伴关系的原则，并明确了未来合作的方向（政治、军事、经济、文化等）。

本次访问中签署了多份合作文件，尤其是经济和工业合作备忘录，以帮助中国企业前往摩洛哥兴业并鼓励两国企业之间的合作。该备忘录签署之后，数家中国企业联手在摩洛哥开展项目，尤其是一家中国企业（中国铁建）和一家摩洛哥企业在拉巴特建设非洲最高的摩天大楼的项目，以及在拉巴特建设非洲最大斜拉桥的项目（该项目已经完工）。

第二份文件是关于创立一个面向中国企业的工业和商业合作区。从中国企业和摩洛哥北部地区签署合作协议以来，这一计划十年内投资100亿美元的项目已经取得诸多进展。该项目意在建设一个可容纳30万人口的工业城市，将建在丹吉尔自由贸易区，利用摩洛哥在地中海最大的港口（丹吉尔麦德港），辐射欧洲、阿拉伯国家、西部和中部非洲国家。2017年初向国王呈示的项目模型表明，该项目进展迅速。

此外，还有中国铁路总公司和摩洛哥国家铁路局（ONCF）签署的协议，双方计划合作在马拉喀什和阿加迪尔之间建造高铁。该项目正在稳步落实。

除了同样重要的其他协议之外，两国央行还签署了双边本币互换协议，以便利中国企业在摩洛哥投资和两国进行贸易交流。

在旅游方面，国王对中国游客免签的决定，使得从2016年6月开

1998 年 1 月，摩洛哥国王哈桑二世会见来访的中国国务院副总理兼外长钱其琛。

始赴摩洛哥旅游的中国游客数目大幅增加。此外，《环球时报》的一份调查还将摩洛哥评为 2017 年"最具潜力旅游目的地"。

文化的相似性

历史上来过中国的摩洛哥旅行者和商人讲述的游记见闻当然在摩洛哥文化中留下了痕迹。我们发现，两国虽然相距遥远，但是有着很多共同之处，足以让读过摩洛哥驻华使馆与摩中友好协会共同编写的有关图书的读者感到惊讶。

这些相似性在传统建筑、饮食、艺术、音乐、传统服装、珠宝、茶艺等领域尤为明显。例如，两种文化都有将茶作为热情好客和友谊象征的传统，这一点是通过历史将两国民众联系起来的友谊的极致表达。

摩洛哥和中国民众在很多领域有着共同的特点，包括文化传统、思维方式、人际关系、饮食和着装习惯等。

例如，在每个摩洛哥家庭，总能见到用中国瓷器盛着的巴斯提拉饼——一种精致的摩洛哥美食；用来摆放茶具的托盘叫 Ceniya，字面意思就是"中国的"；摩洛哥饮食同时使用很多香料，并使用桂皮和蜂蜜制作咸味和甜味的饭菜。

所有这些相似点表明了中国和摩洛哥关系的典范性，以及两国人民之间深厚的友谊。

教育和学术交流

在教育和学术领域，两国每年都给对方国家大学生提供奖学金。很多中国高校和摩洛哥高校签署了合作协议。拉巴特穆罕默德五世大学、卡萨布兰卡哈桑二世大学以及丹吉尔阿卜杜·马立克·阿萨德大学分别开设了孔子学院。同时，中国每年都组织面向摩洛哥官员的培训项目。

摩洛哥和中国在教育领域的合作始于 1982 年。从两国签署文化合作协议开始，两国就意在通过学术交流和文化活动，推动文化对话，以期促进两国人民的相互理解。这份协议强调教育培训和合作，将其作为改善双边关系的核心领域。为此，两国实施了大学和研究中心的学术交流项目。学术项目搭建了友谊的平台，为两国人员提供了在对方学术机构接受教育和培训的机会。

在个人层面，平台向两国的大学生提供了全额奖学金，以使其能够注册对方国家的学术机构。这不仅给留学生提供了在其职业生涯中提升能力的机会，同时也使他们能够积累知识，分享和推动对对方国家文化的理解。在机构层面，平台的高效来自于参与式方法，即重视学术互动，以及包括大学和研究中心在内的学术机构之间的交流。

事实上，摩中教育交流可以追溯到 50 多年前。1964 年中国总理周恩来成功访问摩洛哥之后，双方很快启动了 30 名中国大学生前往摩洛哥学习的项目。如今，随着政府奖学金项目的增多，两国的大学生交流人数将会不断增加。中国每年面向摩洛哥大学生提供 15 个奖学金名额，涵盖中国大学的大多数学科；同时，摩洛哥每年向希望前往摩洛哥接受高等教育的中国学生提供 10 个奖学金名额。这些资助促进了双方学术机构和大学生之间的学术合作与交流。

鼓励年轻人在对方国家接受教育和培训具有巨大的价值，不仅可以促进两国之间的商业关系，而且巩固了两国人民的相互理解。两国高校之间的友好关系和大学生的交流是完美的沟通渠道，这些大学生回国之后，将成为带来改变的使者，逐渐消除所有负面的偏见。

进入 21 世纪，两国加强了在教育和科学研究领域的合作，尤其是在 2002 年摩洛哥国王穆罕默德六世访华以及 2006 年中国时任国家主席胡锦涛访问摩洛哥之后。在此背景下，拉巴特穆罕默德五世大学和北京第二外国语学院签署了一项合作协议，2009 年在摩洛哥成立了第一家孔子学院。

中非关系中的摩洛哥

随着中国人消费新鲜事物的能力和需求的不断增长，中国成为前景广阔的巨大市场，尤其是在旅游领域。另一方面，摩洛哥王国因地理位置、人力资源和与众多国家达成自由贸易协议的优势，具备了成为中国在非洲投资中心的潜力。

摩洛哥是非洲大陆第四大外商直接投资对象、北非第一大外商直接投资国，也是非洲法语国家中第一大投资者。此外，摩洛哥还拥有多重优势，使其成为带动地区活力的引擎。

此外，摩洛哥与非洲很多国家有着稳固的政治、经济和金融关系，且推崇南南合作的理念，使其可以成为中非合作的核心伙伴。现在，摩中非三方合作关系已成为摩洛哥的战略选择。

到 2020 年，中国与非洲的贸易往来将达到 4000 亿美元，中国在非洲的直接投资将达到 1000 亿美元。根据中国国际商会公布的数据，中国在非洲的直接投资目前已经超过 250 亿美元。

2015 年底，在中非合作论坛约翰内斯堡峰会上，中国提出将中非新型战略伙伴关系提升为全面战略合作伙伴关系，并提出了在未来三年内刺激合作的"十大合作计划"。中国将为此提供 600 亿美元作为资金支持。

中国还宣布，将支持非洲国家改造现有的或新建更多的职业技术培训设施，在非洲设立一批区域职业教育中心和若干能力建设学院，在非洲当地培养 20 万名职业和技术人才，提供 4 万个来华培训名额，帮助青年和妇女提高就业技能，增强非洲自我发展能力。

时任摩洛哥首相班基兰率代表团参加了峰会。他在抵达约翰内斯堡后发表的新闻声明中指出，摩洛哥参与峰会是希望推动中国和非洲大陆之间的合作关系。他强调，中国将摩洛哥视为非洲舞台上的重要一员，以及进入非洲大陆的门户。通过揭示摩洛哥与非洲国家之间的紧密关系，班基兰首相指出摩洛哥是"非洲经济的重要一员"。

摩中关系前景展望

在现在全球政治和经济秩序深刻变革的背景下，加强摩中关系变得愈加重要。

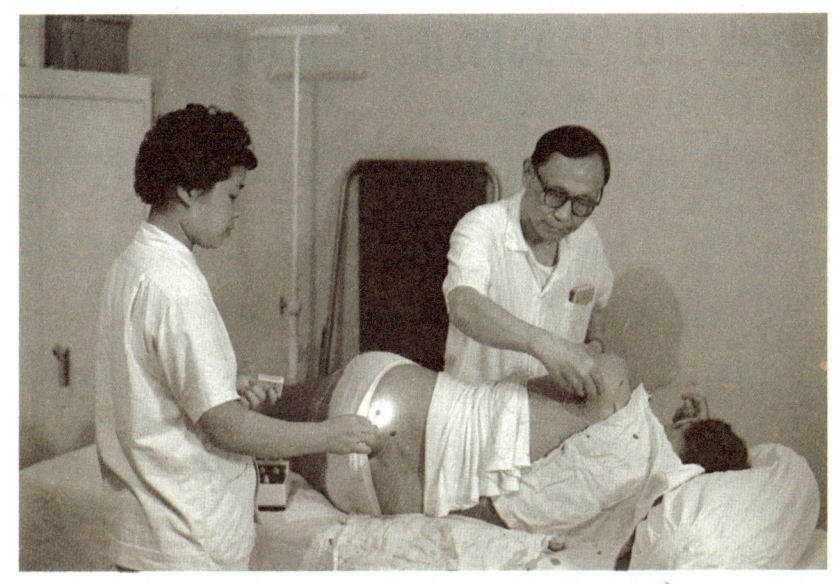

1982 年，中国医疗队大夫在摩洛哥为患者治病。

在穆罕默德六世国王的英明领导下，摩洛哥王国在适应地区变化的同时，采取了适应本国国情的政治改革，这维护了王国的政治稳定和持续的社会经济发展，使摩洛哥成为地区国家的典范。

而中国在所有领域取得的斐然成绩和巨大成功，使其成为地区和世界的典范。为此，近些年来，我们两个友好国家坚定地建立了战略伙伴关系，并在最高领导层面表达了采取所有努力的坚定意愿，以保证摩中关系迈上新的台阶。

未来摩洛哥和中国之间直飞航线的开通，将大大加深两国之间的交流。

跨越 40 年的摩洛哥上海医疗队

马海邻 （《解放日报》首席记者）

背景

1975 年 9 月，由上海市负责组建的第一支援摩中国医疗队进驻塞塔特省哈桑二世医院。自那以来，上海市累计向摩洛哥派出医疗队员 166 批 1652 人次。1975—2015 年，中国援摩医疗队共诊治摩洛哥患者约 540 万人次、收治病人约 65 万人次，其中手术近 45 万例。目前仍有 70 多名医疗队员在摩洛哥工作。

上海援摩医疗队是中国对外医疗援助的一部分。华东师范大学许文颖的硕士论文《上海援摩洛哥医疗队研究(1975—1985)》援引权威资料，1963 年 1 月，中国宣布派医疗队赴阿尔及利亚，由此开创了中华人民共和国援外医疗队的历史。非洲是我国派出医疗队最多、最早的地区。第一批赴阿尔及利亚的医疗队中，就包括了 4 名上海医疗人员。1965 年，受卫生部委托，上海开始单独组建援外医疗队。从 1983 年起，摩洛哥成为上海援非医疗队的重点支援国家。

上海社会科学院《上海民生发展报告》主编王泠一撰文介绍，上海医疗队应受援方的要求，基本上被安置在中小城市、边远地区乃至戈壁荒漠，而西欧医疗队进驻的往往是沿海平原中心城市甚至富人区的"贵族医院"。可以说，中国医疗队更体现了无私的情怀。

今年在家里过年，尽管要值班，毕竟能跟家里人吃几顿团圆饭。上海市第八人民医院妇产科主治医师李会开心之余，还是有些惆怅，马年、羊年两个春节，她都是在遥远的北非国度摩洛哥度过的。为了纪念两年的援外医疗队生活，她过年做几道摩洛哥菜，让亲朋好友尝尝，调料配不齐，只能做改良版的。

在上海医疗队援助摩洛哥40周年之际，记者寻访了部分队员。40年跨越了多个时代，世界格局变化巨大，我国内政外交政策也不断调整，不变的是"国际主义"和"人道主义"两个关键词。白衣天使们用冷静的语气讲述的故事，写出来不为煽情，但如果能够有助于理解，就是有意义的——对世界的多样多一些了解，对中国软实力输出多一分理解，医患之间互相多一分理解……

大蛇来访

蛇，估计是妇产科主治医师邢丽对摩洛哥最深刻的记忆之一。医疗队所住的楼房条件差，旁边就是露天垃圾场。短期内，队里先后有三个人在不同地点看见了蛇，并没在意。直到住在一楼的针灸科蒋医生听到抽屉里有响声，慢慢打开抽屉，发现一条大蛇躺在里面。蒋医生叫来小儿科李医生，李医生临危不乱，先拍照取证，然后追到园子里和闻讯赶来的骨科宋医生一起消灭了它。拎起死蛇一量，长1.2米。

烧伤科主管护师孔晓华一辈子忘不了的是蛆。从小生长在大城市，啥时候见过成群结队的活蛆？这姑娘行前查阅资料了解到，将要工作的阿加迪尔哈桑二世医院以烧伤科与肾内科为主，这里相对发达，医生都是法国进修回来的。她想象着整洁的病房和先进的治疗设备，并为同批前去的丈夫曹凯高兴——曹凯正是肾内科主治医师。结果到实地一看，烧伤科只有她和一名中国医生，治疗室仅2平方米，还兼药房功能，病房没有无菌设施。一位烧伤病人在急诊待了十几天才转到烧伤科，孔晓华揭开他身上裹的布那一瞬，那个味道，逆天了，伤口还爬满了蛆。

时间长了，孔晓华发现这不是特例。当地居民安全意识不强，煤气罐经常漏气，一点火就爆炸了，所以，烧伤病人多，病情重。由于交通、经济等原因，病人往往很久才被送来，伤口的包扎长久未更换，加上天气炎热，伤口腐烂，医护人员经常受到视觉、嗅觉的双重冲击。

人手奇缺，又是一重考验。从做棉球到领药，从消毒器械纱布到更换伤口绷带，孔晓华都要亲力亲为。妇产科副主任医师孙梅芳是费吉格省中心医院唯一的妇产科专科医师，如同千手观音，一人承担门诊、急诊、病房、产房和抢救，没有节假日，两年中救助 1149 人次，做了 394 例大小手术。

在上海，根本想象不到那边的条件有多艰苦。

从针灸到无输血切除几公斤重的肿瘤

孔晓华在日记中写道："我们没有畏惧，也没有退缩。"中国医护人员用高超的医术和高度的责任感，赢得了当地人的尊敬。

在摩洛哥首先"红"起来的，是富有中国特色的传统医术：针灸。许文颖的论文中介绍，首批援摩医疗队一到，有所风闻的当地人就来打听针灸。两年间，队里仅有的一名针灸医生完成了 5 万人次的门诊量。经过口碑传播和媒体报道，"针灸"成了中国医疗队的代名词。

摩洛哥的医生分为专科和全科，其中专科医生的社会地位高，教育背景往往有留学欧洲的经历，"比较傲"是上海医生们告诉记者的普遍印象。但孙梅芳主刀的一台手术，摩方一位专科医生竟主动打了下手。病人的胎儿和胎盘已经游离到腹腔内，孙医生见过很多子宫破裂的产妇，从没碰到如此严重的。当地专科医生曾建议让病人转院，按照当地法规，只要转院单一开，途中病人发生任何情况，医生都没有责任。但转院要在山路上颠簸 4 个小时，为了 1% 的生命的希望，孙医生决定就地抢救。

也许就在那一刻，当地专科医生的心态发生了变化。他帮孙医生把病人送到手术室，还帮助拿血。手术从半夜 23 时 45 分，一直做到次日凌晨 4 时 30 分。白天，专科医生发现病人救活了，高兴得不得了。此后，他对中国医生由衷地表现出尊重，他觉得中国了不起。

外科副主任医师郇金亮，在摩洛哥两年，成功拿下大小手术 1200 余例，他的工作量为摩方普外科专科医生的 4 倍多。郇这个姓少见，因此郇金亮的名字好搜索。搜到很多国内患者及家属对郇大夫的评价，都说他耐心、亲切、医术高。

在郇大夫的记录中，有好多个"首次"，他们的医疗队在阿奇拉医院开创了多个首次实施的手术病例。如首次并大量实施巨大甲状腺肿切除术，这是当地一种常见病，听来让人心疼：肿瘤长在脖子上，妇女包着头巾，别人不容易发现病情，自己也慢慢习惯了，直到实在熬不过去才来就诊，这时有的肿包已经达到几公斤重。开刀风险比较大，血管甚至有手指粗，一个不小心，血流汹涌。而在当地，输血十分困难。郇大夫说，必须保证在不输血的情况下，尽快完成手术。到摩洛哥后他做的第一例手术用了 3 个多小时，后来就缩短到 1 个多小时。

救死扶伤，大爱无疆

快十年过去了，郇金亮还是对一名病人感到遗憾。一天下午 18 时多，正在休息的郇大夫被叫去看一位伤者，小伙子只有 17 岁，中午 12 时左右被人捅了一刀，脾脏破裂，此时已经停止呼吸。郇医生说，当地医生经验不足，手术中没能控制大出血，假如早点叫我就好了。

没有办法去统计，由于中国医生的到来，当地的病人多了多少生存和痊愈的机会。可以统计的是"转院率"，2007 年年末，郇金亮记录了一笔："2007 年 4 月至今，凡我经手普外科病人实现零转院纪录。"

零转院的背后，是医术的高低，也是观念的不同。几乎每位接受采访的援摩队员，都讲到了转院之争。交通不便，病人往往不到熬不过去不来医院，病情越是危重，当地医生越是赶紧让转到大医院，这一转，便是少则几小时的颠簸折腾，生死难料。刚开始时，两方的医生互不理解。郗金亮发现，条件确实有限。比如已经休克的患者，首先麻醉师担心，因为没有复苏室，没有监护病房，其次护士不愿也无经验护理。于是，他不时到病房巡视，传授经验，督促护士完成护理工作。一个月之后，摩方医护人员心中有了底，配合默契起来，工作变得异常顺利。

中国医疗队带去的，是"不畏艰苦、甘于奉献、救死扶伤、大爱无疆"的精神。每一个时代都有自己的精神积淀，每一个行业都有自身的道德标杆，白衣天使视救死扶伤为天职，而不仅是一份工作，更不是"生意"。

不久前，百度新闻热搜推送了一条消息，说是央视"最美医生"评选遭网友吐槽。9位候选人，不是心脏主动脉撕裂还坚持为病人做完手术，就是超负荷工作累得直接躺在地上休息片刻，顾不上自己的家人更是必备条件。网友质疑，这种评选是比美还是比惨？假如救治病人需要一命换一命，谁还敢学医？

可怎么办呢？到了生死关头，有如士兵临阵。孙梅芳就差点一命换三命。一位双胞胎经产妇，已临产，胎儿头与头交锁，先兆子宫破裂，必须马上手术，才能抢救三条人命。但此时孙医生心脏突发房颤，心率达160次以上，她不顾同事劝阻，横下一条心："我就是死也要把她们救回来！"她吃了足量的心脏病药物后，坚持上台手术，终于成功抢救出了一对体重6斤半以上的龙凤胎，母子三人平安，此时孙医生几乎瘫软在地。

李会比孙梅芳稍微"轻松"一点，她所在的医院还有一名当地专科医生，可以轮流值班。但实际上，她也很难有一个完整的晚上休息。当地人生育率高，又以胖为美，不乏糖尿病、高血糖症状，产妇出现各种意外的很多。有一夜格外平静，李会心里倒不踏实了，自己去病房巡视，看到当夜有 14 名新生儿平安降生，"算少的"。八院的周建元书记感叹聚餐难，他带领院里人去摩洛哥慰问，好不容易凑起来吃顿饭，急诊来了，医生跑了。

中秋夜，听妈妈报菜名

在摩洛哥，中国人不多，尤其是小地方。街上看见中国面孔，开车的当地人会停下来致意，他们知道很可能是中国医生。骨科主治医师宋元说，摩洛哥人活得挺自在，穷人不焦虑，富人也不骄矜，碰到总是热情地打招呼，不管认不认识。

医院人手缺的一个原因，就是当地专科医生不愿在工作量大、报酬低的公立医院多待，很多人工作几年后，跳槽去了私立医院。有些偏远贫困地区的医疗点，几乎全靠中国医生支撑，一茬又一茬，每两年更替一次，下一批来了，上一批才离开。

中国医疗队收到的不仅有尊敬，也有误解，让他们心生委屈。你们离开家庭，背井离乡，一待就两年，工作还这么拼，一定是为了赚钱——当地同事的"以己度人"，让白求恩情结浓厚的上海医生心理落差好大。

妇产科副主任医师周玲在布阿法，中秋夜，打开电脑，看见朋友发来的月饼照片，黄莹莹的，油光铮亮，从来没觉得月饼这么诱人。母亲打来了越洋电话，周玲就让母亲把家里烧的菜名报来听听，好解解馋。

记者去八院采访，迎面是这样的开场白：副书记李银萍指着一份名单一个一个述说，他／她／他们的孩子，几岁了。宋元出发那天，妻子怀孕刚满 7 个月，他是看照片认识自己的宝宝的。郁金亮和邢丽夫妇的孩子三年级，李会的孩子也是三年级。曹凯和孔晓华夫妇，2013 年 3 月出发时，孩子才两岁。

周玲悟出一个道理，在非洲工作有苦也有甜，应该苦中寻乐，才能自得其乐；必须知足常乐，才能乐在其中！闲来就种种菜，江南人没有绿叶菜吃就难受，曹凯说，当地市场上能买到的蔬菜就那么几样，西红柿、洋葱、土豆、青椒、胡萝卜、黄瓜。自己开垦菜园的优良传统，至少从第三批上海援摩医疗队员开始就流传下来了。李会开辟了以菜会友的解乡愁之法，把舍不得吃的菜送些给摩洛哥邻居，看到他们吃得津津有味，也算是中国文化的传播吧，顺便学学阿拉伯语，逗逗主人家的孩子。值夜班时，当地同事会备好摩洛哥茶点，理解随着感情的滋生而逐渐弥漫。

吾道不孤，医疗队遇到了中资公司员工，他们同样在非洲援助建设、开拓市场。医疗队提供医疗帮助，中资公司员工感到心里有底多了。企业后勤保障强一点，常送菜来改善医疗队的伙食。

中国人的作为，在当地媒体上并没有太多宣传。他们做着具体细微的本行工作，身体力行去讲述"中国故事"。

冷战时期，中国援外的重要目的是打破超级大国筑的高墙，走出去，让别人看到我们，听到我们的声音。一代又一代，对外交流的目标不断变化，如何向万里之遥的异国人民解释"一带一路"呢？救死扶伤的中国医生＝中国＝"一带一路"，这样的语言超越文化差异。

王泠一写了一首歌词《地中海颂》，配着《便衣警察》主题曲的旋律，亲口唱给援摩队员们听：

若问援摩几多辛？戈壁滩头沙无尽！救死扶伤万千遍，多少天使竟无名。人说你是大爱咏无疆，我说你是当代白求恩。报国万里铸就丰碑，不灭情怀心心相印。

记者手记：病人亲吻我们的手套

援助是无私奉献，援外人员在经济收入、职称晋级等方面会获得一定的补偿，也是毋庸讳言的，但也并不算多。要论经济，夫妇俩同时援摩，错过了上海房价低谷，找谁说理去？真正的收获，是影响职业生涯的心灵冲击。

女孩子被称赞漂亮，当然高兴，孔晓华收到摩洛哥病人的一声赞"美"，却是别有一番感动。病人表达的真挚感情，"翻译"成小学生作文格式，应该是这样："姑娘不仅长得美，心灵更美。"

更多的病人默默地亲吻医护人员的白手套，来表达不尽的感谢和敬意。当地病人和家属，几乎是给予了医护人员无条件的信任。一个男人可以娶四个妻子，但妇产科医生们从未碰到"保大人还是保孩子"的问题。

医疗题材行业剧《到爱的距离》直面医患矛盾，剧中潘虹饰演的妇产科主任廖克难医者父母心，却多次困惑不安：我老了，跟不上时代了。她秉承的理念是医生应该凭借专业水准，决定最有利于病患的治疗方案；而年轻一代的理念是把一部分选择权和责任交给病人及家属，避免一些矛盾。

多位援摩队员直言，回来后有些不习惯了：医患间失去了纯粹的信任，有时会有些缩手缩脚。

援摩的经历，让他们重新审视医患关系，对医护人员的责任有了新的认识——本来在国内习以为常，没有时间去深思。

"再过十年，回想起来，也许感悟会更多。"一位医生说。

（本文原载 2016 年 2 月 14 日《解放日报》）

"一带一路"倡议在加强摩中关系及南南合作中的作用

福阿德·格泽泽尔
（摩洛哥西迪·穆罕默德·本·阿卜杜拉大学中国与摩洛哥研究中心主任、摩洛哥阿中友好作家协会会员）

中国十分重视与非洲国家特别是与摩洛哥的关系，因此，摩中关系在以平等互信为基础的战略伙伴关系与共同合作框架下，在多个领域得到了显著发展。

摩洛哥国王穆罕默德六世在 2015 年 12 月于约翰内斯堡举行的中非合作论坛峰会上发表的讲话，确定了摩洛哥的基本立场。他指出，发展非中关系是我们的一项战略性选择，我们十分渴望实现这一发展。众所周知，非洲是古代海上丝绸之路的重要组成部分，现在许多非洲国家都表示想要加入"一带一路"倡议，其中包括摩洛哥王国。摩洛哥加入"一带一路"倡议将造福自身和非洲。加强与非洲国家的团结合作，一直是中国独立自主的和平外交政策的重要组成部分，中国以维护中国人民和非洲人民根本利益为原则，坚定不移地继承发展与非洲的传统友谊。因此，我们看到中国以政治上平等互信、经济上合作互惠、文化上交流借鉴为基础，同非洲国家发展了新型战略伙伴关系。

在穆罕默德六世国王 2016 年 5 月访华期间，两国宣布将摩中关系提升为"战略伙伴关系"。穆罕默德六世国王陛下还与中国国家主席习近平签署了超过十项双边合作协议，涉及领域包括司法、经贸、能矿、金融、文化、旅游、食品安全等。

应该说，"一带一路"倡议旨在通过中国与非洲国家签订的自由贸易协定实现双方的最大利益，通过建设基础设施和必要的交通网络，积

福阿德接受中国媒体采访。

极促进贸易发展及丝绸之路沿线国家间的共同投资。

目前，中国是摩洛哥的第三大进口来源国。2015 年，中国对摩洛哥出口总额达到 29 亿美元。摩中非三方合作主要包括：

帮助非洲发展

随着经济因素在国家关系中变得日益重要，且与国家安全息息相关，摩洛哥和中国的外交决策者们都强调非洲的和平与发展是他们制定政策的基本目标。上世纪 90 年代以来，摩中两国与非洲的交往经历了重大变化，摩中合作也从双边领域扩展到地区领域。在中国和包括摩洛哥在内的多个非洲国家的倡议下，一个加强中非合作的集体对话机制于 2000 年形成，被命名为"中非合作论坛"。该论坛是南南合作框架下的政治对话平台，也是以平等交往和互惠互利为基础的中非双边合作机制。

中华人民共和国作为一个战略伙伴,在摩洛哥和非洲有着独特的地位,因此,摩洛哥在任何场合都高度评价同中国的这一关系。穆罕默德六世国王曾表示:"我们很高兴看到中国与非洲今天的合作开辟了良好前景,这是由于我们非洲国家拥有巨大的潜能,非洲市场为中国企业提供了许多机会。"

必须指出的是,非洲对于中国和中国人民来说有着突出的地位和作用,因此,2016年发布的《中国对非洲政策文件》中称非洲"历史悠久,幅员广袤,资源丰富,发展潜力巨大。非洲人民经过长期斗争,挣脱殖民统治桎梏,铲除种族隔离制度,赢得独立和解放,为人类文明的进步作出了重大贡献"。

依靠与非洲之间紧密的关系,中国如今已成为这片褐色大陆的第一大贸易伙伴,也是非洲国家最重要的外国投资来源地。近年来,中国与非洲国家的年贸易额约为2000亿美元,较中非合作论坛成立之初增长了20倍。

因此,中国对中非合作论坛在加强中国与非洲间政治对话和务实合作方面发挥的积极作用十分重视。中非合作论坛第一届部长级会议通过了《北京宣言》和《中非经济和社会发展合作纲领》两个历史性文件。

2003年12月15日至16日在亚的斯亚贝巴举行的论坛第二届部长级会议以"友谊、合作与发展"为口号,通过了《亚的斯亚贝巴行动计划(2004—2006年)》,提出了一系列支持非洲国家经济、加强非中经贸和发展领域合作的措施。

在开幕式讲话中,中国国务院总理温家宝就发展中非友好合作关系提出了四点建议:(1)相互支持,推动传统友好关系继续发展;(2)加强磋商,促进国际关系民主化;(3)协调立场,共同应对全球化挑战;

（4）深化合作，开创中非友好关系新局面。

随后，摩洛哥和中国向非洲国家提供援助以促进发展。摩洛哥国王穆罕默德六世在致 2006 年中非合作论坛北京峰会的信中强调："我们十分关注中国政府在论坛框架下提出的倡议，这些倡议表明了中国与非洲国家的团结一致。我们还注意到中国积极提供支持，促进非洲国家的经济起飞，特别是中国还对一些最不发达的债务国和发展中国家采取了债务减免措施。"他还指出："在积极团结非洲伙伴的原则基础上，摩洛哥致力于通过各种方式为非洲福祉作贡献。在此基础上，我们从 2002 年起决定免除非洲欠发达国家对摩洛哥的所有债务，这为各国顺利进入摩洛哥市场提供了出口空间。"

中国在《北京峰会宣言》中承诺为非洲提供发展、卫生和教育领域新的一系列援助。摩洛哥则承诺帮助非洲特别是撒哈拉以南国家完成其发展项目，并与中国和有关非洲国家一道在新的非中伙伴关系及峰会通过的《北京行动计划（2007—2009 年）》框架内建立三方合作。通过合作，我们可以将自身在农业、水资源调配、基础设施建设、海洋渔业、卫生等领域的经验传授给非洲伙伴，与中国一道，利用我们两国的科学技术潜力以及人才资源，为非洲大陆实现可持续和全面发展的目标服务。

时任中国驻摩洛哥大使孙树忠先生 2014 年在拉巴特出席中非投资论坛会议时强调："非洲的发展将使世界更加民主、更加稳定、更具活力、更加多彩。非洲的发展将有利于全世界的和平、发展与进步。"他还指出："新世纪以来，非洲经济发展步伐加快，年均增长超过 5%，经济总量已达到 2 万亿美元，被公认为全球重要的新兴市场。非洲历史悠久，文化灿烂，对人类文化的丰富多样和交流传播有着深远影响。"

2015 年 12 月，在中非合作论坛约翰内斯堡峰会上，摩洛哥国王穆罕默德六世对中国在参与非洲发展、团结非洲国家方面发挥的重要作用表示赞赏，并指出"这个古老而伟大的民族坚持维护这个多极世界的和平，不懈地为南方国家的核心利益服务，帮助其实现目标和愿望"。峰会期间，中国国家主席习近平宣布，中方愿在未来三年同非方重点实施"十大合作计划"，并为此提供总额 600 亿美元的资金支持，包括：提供 50 亿美元的无偿援助和无息贷款；提供 350 亿美元的优惠性质贷款及出口信贷额度，并提高优惠贷款优惠度；为中非发展基金和非洲中小企业发展专项贷款各增资 50 亿美元；设立首批资金 100 亿美元的"中非产能合作基金"。

穆罕默德六世国王还重申，摩洛哥非常渴望在加强交往的政策下，优先实施与非洲兄弟国家务实的框架性项目，将人的发展放在第一位。为了证明这一点，国王举例说明，越来越多的企业将摩洛哥与这些国家联系起来，以实现人的发展，特别是在卫生、住房、饮用水、供电和食品安全等领域的发展，还有一些促进经济增长、增加就业机会的行业，如农业、工业、基础设施建设等，以及服务业如银行、保险、通信等。除了这些双边合作外，国王陛下还强调，摩洛哥将继续学习中国经验，在互利共赢的基础上开展丰富多样的三方合作。

关于摩洛哥与中国的关系，穆罕默德六世国王认为："我们为实现非洲经济、非洲人的发展而提出的共同项目、确定的目标都主要取决于国家安全与稳定，以及对国家主权和领土完整的尊重"，"没人能否认我们的国家安全现在面临着来自各方面且日益猖獗的恐怖主义的威胁，使我们的社会面临凶险，因此需要我们全体奋起，相互合作，密切协调。"

安全合作

非洲大陆上的国际竞争日益激烈，这体现了地缘战略和经济增长的重要性，它自然也受到摩中双方的特别重视。在摩中双边关系框架内，非洲的安全稳定问题占据了核心位置。安全稳定问题在非洲大陆具有敏感性，由于国内和地区时常发生冲突，加上在许多国家经济危机越发严

福阿德游览长城留影

重、贫困问题不断升级、外债累积，不仅导致许多非洲国家内部冲突频发，更重要的是阻碍了这些国家的发展、安全和稳定。

尽管非中关系得到了高度发展，安全挑战仍然摆在我们面前。最近的一次安全挑战是 2015 年 11 月 20 日，在马里首都一家饭店的恐怖袭击中有三名中国专家遇难。

摩洛哥和中国在支持非洲安全稳定方面的努力主要集中在以下几点：

第一，摩洛哥和中国均重视和平，这主要体现在两国积极参与联合国在非洲的维和行动。摩洛哥从上世纪 60 年代起就多次派出军队参与此类行动，摩中两国为解决冲突和非洲面临的复杂问题作出了积极贡献。最近，中国开始向南苏丹派出 700 人的维和部队。

第二，加强与非洲国家的军事合作，因为军事合作是摩中两国与非洲国家关系中最重要的领域之一，特别是军事技术交流、军队训练和军事援助。双方都认为，与非洲国家在这些领域的合作能够提高相关国家维护安全稳定的能力。两国为非洲一些国家的军队提供了武器和军用物资。中国从上世纪 50 年代起就支持非洲多国的民族解放运动。

第三，摩洛哥和中国支持解决非洲地区的冲突，这一点体现在"中国支持非洲联盟及其他地区组织、有关国家为解决地区冲突作出的努力，并将在这一领域提供尽可能的帮助。联合国安理会积极敦促各方重视及协助解决非洲地区的冲突问题，并继续支持参与非洲的国际维和工作"。

第四，促进摩中双方在信息交流方面的合作，探索更加有效的方式，加强双方在反恐、打击小型武器走私、毒品和跨国经济犯罪等方面的合作。自 2001 年"9·11"事件后，恐怖主义成为威胁国际安全与和平的最大挑战，因此这一合作也在国际舞台上变得日益重要。

第五，移民问题上的磋商协调，在中国与摩洛哥的合作中发挥了显著作用。《中国对非洲政策文件》中强调"密切移民管理部门在打击非法移民方面的交流与合作，支持非洲加强移民执法能力建设"。

在南非举行的第六届中非合作论坛峰会发表的《约翰内斯堡峰会宣言》主要包括七点内容，其中最重要的是维护非洲的安全与和平。中国支持非洲国家独立解决问题和冲突，并在充分尊重非洲意见、不干涉内政及遵守国际关系基本规则的基础上，为维护非洲和平发挥建设性作用。

交流篇

访问伊本·白图泰的故乡

朱威烈（上海外国语大学中东研究所名誉所长、中阿合作论坛研究中心主任）

1999 年 4 月中旬，我应摩洛哥王国文化事务部的邀请，从远东的上海飞往远西（摩洛哥史称"西马格里布"，直译即为"远西"）的卡萨布兰卡作学术访问。

摩洛哥，对上海人来说并不陌生，上海医疗队多年来以勤奋出色的工作，长期为摩洛哥人民送医送药，在中摩两国都享有很好的声誉；上海与卡萨布兰卡结为友好城市，已逾十年。1998 年底，摩洛哥首相访华，电视节目中对他的上海之行作过详细的报道。但对我来说，却是第一次去，而且是在受挫后才终于成行的。此事，还得从公元 14 世纪的摩洛哥大旅行家伊本·白图泰说起。

塔兹博士与《伊本·白图泰游记》

1995 年 7 月，在约旦皇家研究院的年会上，我有幸结识了摩洛哥皇家科学院院士阿卜杜·哈迪·塔兹博士。他是十卷集《摩洛哥外交史》的作者、阿拉伯世界遐迩闻名的大学者。他主动找我询问《伊本·白图泰游记》中文版的情况。我们从事阿拉伯语言文化研究的工作者，可以说是无人不晓这位堪与意大利马可·波罗齐名的摩洛哥大旅行家。伊本·白图泰（1303—1377）出生在摩丹吉尔城，曾两次出外游历，前后长达 30 年，足迹遍及非、亚、欧三大洲。他于元顺帝在位期间，到过我国的泉州、广州、杭州、北京等城市，对城乡、物产、法制和社会

1999年4月中旬，朱威烈教授应邀赴摩洛哥讲学期间造访塔塔兹博士在拉巴特的宅第。

生活作过描述和议论。阿拉伯人至今把我国的泉州称为"橄榄城"，便是始于伊本·白图泰之口。他的世界见闻由伊本·朱扎伊笔录，原本后被巴黎国家图书馆收藏，另有多种手抄本，散藏于世界各国图书馆。19世纪中叶起，阿拉伯文版和西方文章陆续问世，伊本·白图泰遂被公认为中世纪阿拉伯—伊斯兰世界最伟大的旅行家。

　　1980年秋，我赴宁夏银川市参加西北五省区的学术研讨会期间，曾应当时宁夏人民出版社资深编辑杨怀中先生（后任宁夏社科院名誉院长）的咨询，推荐了我北大的老师马金鹏先生自30年代起就直接从阿拉伯文翻译的《游记》全本。为了让读者对这本著作的内容和价值有所了解，我答应向马先生索要《游记》中的"中国部分"，先在我负责的《阿拉伯世界》杂志上刊出。杨怀中先生曾几度专程赴京，与马先生共商共酌，终于使这本持续翻译、积压了近半个世纪的学术著作得以在 1985 年面世。

塔兹博士闻讯后，当即要求我参与对《游记》的考证工作，撰写论文，出席摩正在筹备举行的国际研讨会。四年时间里，塔兹博士通过摩文化部先后向我发出过四次邀请，其中两次我都已办完一切手续，坐进了飞机，却分别因国航和法航班机发生机械故障被迫推迟起飞，我计算巴黎转机时间后，发现已赶不上会期而只得放弃；另一次又遇我出国在外，看到邀请信时，会期已过。今年 1 月下旬，我参加沙特阿拉伯王国的"百年庆典"，正巧与塔兹博士下榻同一饭店，他高兴极了，告诉我邀请信已传真发往上海。他又给我一份拷贝，望我尽早办妥手续，务必成行。

摩洛哥极为推崇和珍视自己的文化名人伊本·白图泰。1963 年 12 月下旬，周恩来总理访摩，哈桑二世国王在欢迎宴会上致辞时，特意提到了伊本·白图泰的陵墓。去年 12 月，为庆祝中摩建交 40 周年，摩首相率团访华，听外交部同志说，江泽民主席会见尤素福首相时说，他曾读过《游记》，知道这位摩洛哥大旅行家。

我在摩访问的八天里，摩文化大臣、司长、处长无不与我谈论伊本·白图泰，报刊、电台、电视台采访时也都提及伊本·白图泰。

塔兹博士将他花费 25 年、走遍世界著名图书馆收集手抄本，与包括我国在内的各国史学家切磋讨论后作了详细校订注释的五卷本《游记考证本》赠送给我，他告诉我，这套书已成为哈桑二世陛下赠送外国贵宾的礼物，还特别叮嘱我，到了机场要随身携带，不要作为行李托运，以免遗失。我驻摩大使穆文接见我时说，他正在读《游记》的法文版，文化参赞问我，泉州有没有伊本·白图泰的后代……我深深地感到，伊本·白图泰是中摩友好往来的见证和标志，我的摩洛哥之行得以实现，实在是应该感谢摩洛哥大旅行家伊本·白图泰，感谢《游记》的校订者、当代的伊本·白图泰、年已八旬的世界地名会议主席塔兹博士！

地缘政治中的摩洛哥王国

　　摩洛哥在阿拉伯及伊斯兰世界中，是一个颇具特色的国家。这次访问时间虽很短暂，却给我留下了深刻而美好的印象。哈桑二世国王在1973年12月的一次演讲中说："摩洛哥位于两海（大西洋和地中海）交汇之处，它必须考虑它的欧洲政策；摩洛哥地处非洲左侧一角，它的非洲有着漫长而光荣的历史，它必须考虑它的非洲政策；摩洛哥是一个阿拉伯国家，它得考虑它的阿拉伯政策；它又是一个伊斯兰国家，又必须考虑它对待伊斯兰国家的政策……"哈桑二世自1961年登基以来，制订了摩第一部宪法，在复杂的地区和国际环境中，奉行温和灵活的内外政策，既坚持自己的国家利益，又善于应对，长期保持着社会的稳定和发展。

　　二战结束以来，阿以冲突成为中东局势的核心问题，摩洛哥尽管远离阿以对阵第一线，但它是世界犹太人的主要聚居地之一。以色列建国后，摩对境内犹太人的移居政策比较宽松。据统计，以色列籍的摩洛哥犹太人（包括他们的子女），迄今已有70万之多。其中不乏政要，如曾任沙米尔政府和内塔尼亚胡政府外长的利维·戴维，就是1956年移居以色列的摩犹太人。王国政府在对以总政策上与阿拉伯各国趋同，但也经常发挥它独特的作用。1976年和1977年，哈桑二世国王曾先后与以色列总理拉宾和外长达扬举行过秘密会谈。1986年7月，当中东和谈陷入僵局之际，他又与当时的以总理佩雷斯举行了三轮会谈，力求通过和谈解决争端。冷战结束后，以色列先后与巴勒斯坦、约旦签订了有关协议，摩则率先于1994年10月作为东道主成功举办了中东北非经济首脑会议，第一次正式形成政治谈判与经济合作相辅相成、双轨并进以推动中东北非地区和平发展主潮的模式。摩移居美国的犹太人数量也不少，他们迄今与摩王室保持着良好的关系。摩洛哥的朋友告诉我，哈桑二世国王访美时，美籍摩洛哥犹太人领袖们怀着感激之情去拜会他。

国王嘱咐他们不要忘了他们的故土，经常去摩洛哥看看。近来，摩已擢用原驻美大使本·伊萨为外交大臣，在他的提议下，摩邀请了克林顿总统夫人和一批美国会议员访摩，反映出摩对美关系方面的走向。

摩与欧洲有着漫长的历史渊源。1995 年起，欧盟 15 国实施建立欧盟—地中海伙伴关系战略。在地中海沿岸的亚非 12 国中，摩洛哥是最先与欧盟签订"联系协定"的南地中海国家之一。协议规定，欧盟逐步减少在摩水域作业的捕捞船只的数量和吨位，向摩提供约 6.5 亿美元的渔业补偿和摩发展渔业科研、人员培训的资金。摩是一个农业国，它的蔬菜、瓜果和鲜花主要向欧洲出口。摩与欧盟贸易额要占其总进出口额的 60% 强。今年，欧盟 11 国已正式启用欧元，摩已决定将它与这些国家的外贸结算改用欧元，以避免汇率差造成的损失。旅游业是摩的支柱产业之一，每年接待的外国旅游者约有 200 万人，其中多数是欧洲人，这既是因为摩拥有丰富的旅游资源，也由于在摩游览几乎没有语言障碍，各地的摩洛哥人大多通晓法语、英语或西班牙语。为了扩大摩在欧洲的影响，我从电视上看到，摩出资 5000 万法郎在巴黎协和广场修建了一座曼苏尔城门，并同时举办历时一年的"摩洛哥王国文物展"。

我在摩期间，正值阿尔及利亚大选，原布迈丁执政时的外长布特弗利卡在时隔 20 年之后复出。他当选总统后，即在记者招待会上谈到了与摩长期存有争执的西撒哈拉的问题。他表示，"西撒问题应该根据联合国、非统组织的计划和决议，以及（1997 年 9 月摩与西撒人达成的）休斯敦协议予以解决"，"阿尔及利亚与摩洛哥的关系应建立在睦邻基础之上"。哈桑二世国王随即致电祝贺布氏当选，强调要"恢复和加强摩阿两国人民间的兄弟关系"。由此看来，随着阿尔及利亚局势的稳定和好转，摩阿关系也有望趋缓。此外，因洛克比事件遭受联合国长达 7 年制裁的利比亚，已交出两名嫌疑人赴荷兰受审，利比亚开始走出困境。这样，沉寂多年的阿拉伯马格里布联盟兴评会在妥善处理各种双边关系的基础上，恢复磋商合作的机制，推动马格里布地区向和平、稳定和繁荣的方向发展。

摩洛哥王国正是凭借着它在地缘政治中的独特地位，注意把握机遇，适时调整政策而始终在中东北非地区保持着活力，成为一个令各种国际力量瞩目的特色国家。

从茶、桑到文化交流

摩洛哥竟然也种茶、种桑，这无形之中就令我这个长于杭嘉湖畔的中国浙江人产生了一种亲切感。在整个非洲大陆，唯有 3000 万摩洛哥人是喝绿茶的。当地人谈到茶，往往也会提到中国。摩方官员和学者都告诉我，中摩建交与茶有关。50 年代，摩因进口中国绿茶开始了与我国的接触和交往。建交后，中国专家组远赴摩洛哥帮助种植茶叶。摩从一个茶叶纯进口国转为也产自种绿茶的国家，只是摩洛哥人的喝法与我们不同，他们习惯加入白糖和薄荷后煮了喝。我在北部农业区参观了几座城市，途中见到过茶林。摩因气候炎热干燥，茶树不像我国多种在山坡上，而是植于其他高大乔木的庇荫下，以满足它生长必需的湿度。

摩洛哥境内的树木有栎树、软木树、柑橘树、橄榄树，也有桑树。陪同我的摩文化部穆罕默德·奇恩先生热情而且友善，他一边驾车一边向我指明沿途的各种树木、庄稼和花卉。他特别几次三番地谈到桑树，原来他的小儿子在养蚕，一定要他摘点桑叶回去。听奇恩先生说，摩洛哥的小学生不论男女，养蚕的居然还不少！我们在沙夫沙温市作了停留，这里有个中国养蚕专家组，可惜要赶路，不及去拜访了。在整个阿拉伯世界，恐怕只有摩洛哥一国像中国一样，既种茶也养蚕。

摩洛哥人民对我国的友好之情，几乎处处可以感觉到。这次，在摩驻华大使迈蒙先生、摩文化部官员和塔兹博士的倡议和关心下，我与卡萨布兰卡市哈桑二世大学的校长、各学院院长探讨了建立校际合作的意向。

他们均为在两市已建立友城的基础上又形成高校间的交流，将有机会在文化、教育领域相互沟通和合作而感到高兴。席间，他们热情地谈到了中国歌舞团去年 10 月的访摩演出，对中摩文化交流表现出很高的兴致。

摩洛哥既珍视本国文化，也很愿意开展交流。我会见了摩"诗歌之家"主席和副主席，他们说，诗歌在摩兴起只有二三十年历史，但发展很快，去年举办了第一届诗歌节，在官方和民众的支持下，开得隆重而成功。组委会为每位代表准备了一个大镜框，里面有他的个人像、简历和几行诗，都用美工装饰，挺漂亮。他们认为，再经过 10 年的努力，摩或许就能形成自己的诗人群体和诗歌珍品。他们已建议联合国教科文组织设立"世界诗歌日"，还希望明年的摩诗歌节举办时，能有一位中国学者参加，向摩洛哥喜爱诗歌的人介绍中国诗歌的情况。

我在摩文化部作报告前，首先拜会了摩文化大臣穆罕默德·艾什阿里阁下。他是上任作协主席，也是一位已经出版了 7 本诗集的诗人。大臣讲得一口流利的阿拉伯标准语。他说："摩中关系一直很好，首相去年底访华，取得了圆满成功。这次，希望通过你的访问，我们开展一些文化上的合作，听说你已与"诗歌之家"、作协有过接触，我们的文化合作是否可以从翻译做起呢？"大臣说，摩文化部已与哥伦比亚、西班牙等国开展了文学翻译方面的合作。他认为，翻译的作用很大，因为书是永恒的，他希望在摩文化部的帮助下，中方能翻译一些摩的学术、文学著作，让中国人了解摩洛哥；也希望将中国的优秀作品译成阿拉伯文在摩出版，摩方愿意承担费用。即使每年出版一本，五年就是五本，如果作品吸引人，也可以每年不止一本。摩经常参加开罗、突尼斯等地的书展，中国图书可以通过摩走向阿拉伯世界。他还表示，如果通过中国学者的努力，出版了一批摩洛哥的作品，他愿意到中国去参加新书发布会。

奇恩先生从头到尾陪同我参观、访问、座谈。他说，他真想带全家到中国去旅游一次，在实现这个计划之前，他愿意经常为《阿拉伯世界》撰稿，提供各种资料。从他领我参观非斯城的巴特哈博物馆和寻访丹吉尔市的伊本·白图泰陵墓时所作介绍、说明看，他无疑是一位很有学识教养的文职官员。临别时，他还送了我两本他编的书。我从奇恩身上强烈地感受到，摩洛哥确是一个文化之邦，一个有着悠久历史和灿烂文明的阿拉伯国家！

我迄今还留有深刻印象的是矗立在卡萨布兰卡大西洋岸边的哈桑二世清真寺。这座占地 9 公顷、历时六年于 1993 年建成的大寺，极其宏伟壮观。寺内的礼拜殿长 200 米、宽 100 米、高 60 米，可容近万人，寺外宽阔的广场则可容 8 万人同时礼拜。进入礼拜殿内，地面平滑光洁，地下装有供暖装置，冬天不穿鞋的礼拜者，脚底有暖感。屋顶是活动的，5 分钟自动开闭一次，作空气调节用，铺设柱子用的大理石有各种颜色，美观考究，全是摩洛哥产品。木质地板也是国产。清真寺的宣礼塔高 100 米，也是灯塔，晚祷后亮光打开，可照到 30 公里外，为航行在大西洋的船只指向导航。摩洛哥朋友说，这是仅次于麦加禁寺和麦地那先知寺的世界第三大寺，创意和布局都出自哈桑二世。它实际上已成为当代摩洛哥的标志——古典与现代的结合，信仰与科技、艺术的结合。

我不由地想起那屹立在东海之滨上海的东方明珠塔。中摩两国人民、上海与卡萨布兰卡两座城市，都在 90 年代树起了高大雄伟的建筑，正好位于亚非两大洲的东西端点，相互辉映，既闪耀出民族复兴之光，更烛照着新世纪的历程。

（本文原载 1999 年 6 月 7 日《文汇报》）

摩中两国历史关系

哈吉·福阿德（摩洛哥对华商贸公司集团总经理、摩中友好交流协会会员、中阿丝绸之路投资公司成员主任）

在摩洛哥取得理科学士学位后，为了领略东方世界文明、增长见识，我决定来到中国攻读某知名高校的硕士学位。在这里，我获得了摩中文化交流计划下的研究生奖学金，到北京学习有线／无线通信工程专业。1996 年我来到中国，先在北京语言大学学习了一年汉语，然后转入专业学习，通过两年半的学习，取得了工程硕士学位。期间，我近距离了解了这个古老民族的传统习俗。这里的人民有着无尽的雄心壮志、准确的目标、举世瞩目的项目规划。这是中国人的智慧与天赋，他们热爱祖国，全心全意地工作。

我在中国居住得越久，便越热爱这个国家，越想获得更多新的经验。我在上海一家全球最大的有线／无线通信公司工作了三年，期间不断学习，对与中国人的共事之道有了全新而独到的理解。我发现，中国政府和人民越来越重视与世界各国的经贸关系。几年过后，我踌躇满志，决定进军独立承包领域。我是前来中国学习并成立贸易服务公司和代表处的外国留学生中第一个摩洛哥人、第一个阿拉伯人，以此推动摩中两国交往，并向世界其他地区延伸。我选择了浙江义乌定居下来，2003 年成立了国际贸易服务公司，以加强中国与阿拉伯、伊斯兰国家特别是摩洛哥王国的双边关系、贸易交往和经济合作。近年来，我逐渐了解到中国在经济、工业、技术领域具备的优势和水平，以及中国公司和企业家在这些领域取得的国际化经营经验。

哈吉·福阿德（前排中）与中国—阿拉伯国家技术文化转移中心企业代表团合影

　　国际关系研究中有一种被广泛认可的观点认为，外交政策因受地区和国际各种因素影响而不断变化，上世纪决定国际关系的军事和战略因素已不再有效，相应出现了其他影响外交政策的因素，如经济、环境和安全因素。中国商务部公布的数据显示，近年来，在复杂的世界经济背景下，中国已成为主要的经济大国。摩洛哥以其战略位置，在中国对非政策中占据一席之地。

　　值得一提的是，中国与摩洛哥外交政策均注重深化发展两国关系，提升其重要性，以实现外交的地域多元化，这是摩洛哥国王最近一次访华时着重强调的。访问期间，穆罕默德六世国王与中国国家主席习近平发表了《关于建立两国战略伙伴关系的联合声明》，以此开辟了摩中政治关系新的前景。这将加强两国在具有潜力的领域的合作，创造更多就业机会。

摩洛哥和中国：极具希望的关系

自 1958 年摩中正式建交以来，两国关系始终保持稳定发展，为双方建立战略合作伙伴关系、实现质的飞跃奠定了基础。2016 年穆罕默德六世国王访华，标志着摩中两国关系进入高级阶段。战略伙伴关系成为两国合作的新框架，有助于深化政治磋商，增进经济关系，增加投资机会。

中国对摩洛哥更加重视，是由于中国共产党在新一届领导集体的带领下，根据新的形势指导调整外交政策，尤其是针对非洲阿拉伯国家的政策，即树立全新战略构想，在新的国际关系和全球体系内将其视为一支强大的国际力量。

中非合作论坛每三年举办一届，汇聚了中国和非洲各国首脑及各界人士，是构建中非合作与对话机制的重要平台。

一、摩中经济合作

20 世纪 90 年代以来，摩中关系进入发展新阶段。摩洛哥成为中方领导人多次访问的主要国家之一，由此确立了中国对摩洛哥的政策基础与原则。

摩洛哥在平衡与发达经济体关系的框架下，始终将加强南南合作关系作为重心。摩中关系是南南合作的典范，发展对华关系对摩洛哥具有重要意义。摩洛哥期待加强与这一亚洲国家的合作，尤其是在基础设施、农业、服务业和文化等领域，以成为中国与欧洲和非洲合作的桥梁。

2006 年 4 月，时任中国国家主席胡锦涛对摩洛哥进行了国事访问，访问成果至今仍然是两国在各领域构建双边关系的重要指导。访问期间，双方签订了在旅游、卫生、文化、经济、公共工程、科研、贸易领域合作的七项协议，深化了两国关系。2014 年，在第六届中阿合作论坛部长级会议期间，中国外交部长王毅表示，阿拉伯国家是世界多极化进程中一支不断增长的重要力量，加强与包括阿拉伯国家在内广大发展中国家的友好合作是中国外交的基础。中国综合国力的不断增强是和平力量的增长，有利于更好维护发展中国家的正当权益。王毅部长还表示，中摩友谊源远流长，中方愿同摩方一道，抓紧落实两国元首关于建立中摩战略伙伴关系的共识，把战略友好落实到双方合作的方方面面。中方重视摩的区位优势，愿鼓励和支持中国企业到摩投资兴业，积极参与摩高铁、公路、港口、机场等重要项目建设，希望摩方为中方企业创造更为有利便捷的投资环境。

摩洛哥在与海湾阿拉伯国家、非洲、美国及欧盟达成各项协议后，加强与中国合作有助于它进一步实现向世界开放的愿景，以强化其在北非和阿拉伯国家中的典范作用。中国在邓小平领导下开启了经济、社会和技术改革，摩洛哥也在道路和港口基础设施建设中取得突破，如丹吉尔地中海港的建设。摩洛哥王国尽力打造最佳投资环境，以吸引外来投资，提升在地区和国际上的地位。

摩中建交 50 多年来，摩洛哥始终对中国持开放态度，不断发展两国关系以造福双方。这是外交努力的成果，以便从中国这一强盛大国的发展过程中受益。摩洛哥希望通过与中国的战略伙伴关系，构建在投资、发展、安全领域的新型合作框架，推进政治磋商，加强经济关系，深化在文化、技术与科学领域的合作。摩洛哥王国希望通过这一伙伴关系，使摩中关系对地区发展产生积极影响，并在双方共同前景与战略框架下，以其优越的地理位置获得投资。这一信任使两国友谊更加稳固，并在法律框架内达成了 230 多项协议，包括 2014 年摩洛哥投资发展署与中国外商投资企业协会为支持投资项目在北京签署的谅解备忘录。同年，摩洛哥国家旅游局和中国国家旅游局在拉巴特签署伙伴协议，以加强摩中两国旅游与文化合作。此外，为营造良好氛围，加强摩中联系，两国近期签署协议，对外交护照与公务护照持有者给予免签入境待遇。穆罕默德六世国王最近一次对中国的访问，更促成了摩中战略伙伴关系框架下多项与中国国有和私营企业的合作协议。

摩洛哥在非洲具有重要地位，与多个非洲国家政治经济关系稳定。它参与南南伙伴关系，构建非洲大陆金融机构重要网络，这一切促使其成为中国的重要合作伙伴。

二、摩中贸易往来

事实上，摩中贸易关系始于 1995 年两国签订的经贸协定。如今，中国已成为摩洛哥第三大进口来源地。中国在可预见的未来极可能超过摩洛哥的传统供应商法国和西班牙，尽管这两个国家目前仍是摩洛哥最主要的经济伙伴。

对摩洛哥而言，中国工业产品进入其市场的主要驱动力是其加工成本与欧美同行相比十分低廉，在性价比上极具竞争力。同时，中国国际贸易方式灵活，可根据发展中国家贸易需求和特点作出适当调整。这使得摩洛哥可以用当地产品，如钴、磷酸盐等金属与化工产品等与中国进行易货贸易。近 40 年来，中国这一亚洲巨人始终保持较快的发展速度。2014 年 10 月，国际货币基金组织称，中国当年国内生产总值按购买力平价计算达到 17.632 万亿美元，预计将增长 7.4%，首次超过美国。

摩洛哥是中国在非洲的第九大贸易伙伴，中国是摩洛哥的第四大贸易伙伴。2013 年，两国贸易额创历史新高，达到 36.9 亿美元，比 2012 年增长 4.8%。中国向摩洛哥出口额达 31.3 亿美元，出口产品以纺织品、家用设备和茶叶为主，摩洛哥向中国出口的主要产品则是海产品和磷酸盐。近年来，中非合作论坛定期在中国或非洲国家举办，中国在该论坛框架内发展与非洲的战略伙伴关系。2009 年在埃及沙姆沙伊赫举行的第四届部长级会议期间，各方确立了共同应对气候变化、向非洲国家提

哈吉·福阿德与中国朋友合影

供科技合作和财政援助、中国市场引入非洲产品等合作领域。我们亟待开发中国市场，特别是由于其居民消费不断增长，为摩洛哥进入该市场尤其是旅游领域开辟了良好前景。摩中之间交通运输的发展（目前两国尚未实现航空直达）是促使赴摩洛哥的中国游客量激增、发展两国经贸关系的关键所在。中国市场不断寻找新的旅游目的地和工业产品，向摩洛哥企业家敞开了大门，召唤他们向这一亚洲巨人加快出口速度，丰富产品和服务种类。

可以说，中国与摩洛哥之间的贸易关系十分活跃。但若仔细审查、对比两国的进出口结构，我们会发现这一关系是不平衡的，摩方存在巨大的贸易逆差。2010 年，贸易逆差达 228 亿迪拉姆，比上年增长 86 亿迪拉姆。这样的逆差可归因于摩洛哥进口产品的巨大规模与高附加值，而出口产品尽管规模也十分庞大，但附加值较低，无法实现贸易平衡。这一方面是因为摩洛哥出口产品种类单一，与中国市场需求不够吻合；另一方面，摩洛哥在国际市场上主要从事低附加值产品的生产和出口，难以快速适应中国等新型市场的需求。

为了实现两国贸易平衡，摩中需要建立以双赢为目标的伙伴关系，加强经济联系，扩大合作，向能源和现代技术等富有前景的领域开放区域市场。

经济外交是支持摩中关系的新手段

经济这一因素愈发重要，这是现代世界转型最突出的现象之一，也是各国制定外交政策时首先考虑的因素。各地区政治集团大都停滞不前，部分甚至瓦解，国家间意识形态差异的重要性日益减弱，经济成为各国对外交往中最关心的问题。当前全球竞争主要是经济竞争，扩大出口亟须进一步开拓市场，令最大多数消费者满意，这需要高素质人才和专家研究制定国际营销战略，并得到优秀外交官的支持。

许多关注外交动态的人士认为，如今各国外交部不再局限于向政治关系缔结国派驻传统外交代表，外交也涉及经济、文化等领域。外交官应在驻在国的这些领域内发挥引擎和催化剂的作用，尤其当利益交织、经济问题受政治因素影响的时候。鉴于经济在国际关系中的重要性，我们须明确两点：第一，将摩中关系发展的重点放在经济合作上；第二，在充满竞争的国际环境下关注摩中关系的未来。

一、经济合作对双边关系的支持作用

经济外交兴起是外交部门日益关心的问题。摩洛哥经济具有高度开放的特点，政府制定了多项战略与产业计划，包括经济快速发展计划、摩洛哥出口计划和太阳能计划，并为此采取措施改善商业环境，包括打击贿赂、进行司法改革等。经济是许多研究者分析不同群体、国家、组织之间互动合作水平的重要因素。双方经济合作范围扩大，证明共同利益不断增多，这有助于巩固深化互补合作。尽管摩洛哥在国际关系中十分重视政治利益，但可以说经济因素是摩洛哥对华政策的决定性因素之一。政治、经济两者在空前活跃的国际关系中相辅相成，缺一不可。摩洛哥的新外交计划即寻求投资，争取对其解决政治、经济、技术、社会问题尤其是沙漠化问题的可能的支持。2014年，中非投资论坛在拉巴特召开。本届论坛由摩洛哥外贸银行与中非联合工商会（CAJCCI）共同举办，以"中非投资对接"为口号，摩洛哥可以借此搭建一个优质平台，加强中国与非洲大陆的投资贸易关系。

中国改革开放以来，经济发展的重要性超越了意识形态，建立起"社会主义市场经济"模式。该发展政策使中国在30年内成为世界经济中一支重要力量，但中国需要在缺乏原材料足够供应的情况下保持其经济优势。因此，拥有丰富原材料的非洲将成为世界大国竞逐的对象。在这一背景下，中国向非洲提出双赢的合作建议。中国领导人表示，共同的命运将中国与非洲聚集在了一起，中国并非以"竞争对手"的身份来到非洲，而是作为可效仿的模范榜样。

中国已在非洲英语国家积累了经验，如今则要在非洲法语国家探索新的视野。在此背景下，摩洛哥作为历史上与中国拥有悠久关系的国家，可作为三方伙伴关系中的关键角色发挥有益作用——该伙伴关系也将成为摩洛哥的一个战略选择。摩洛哥具有地理和人力资源优势，与多国签订了自由贸易协定，它完全可以成为区域外国家在非洲投资的重点对象。

通过接受中国在非洲的部分投资，摩洛哥也可从这一独特关系中受益。据相关数据显示，2000—2011年间，中国在非洲大陆投资逾750亿美元，仅次于美国。其投资主要流向交通运输（343.1亿美元）、能源（310亿美元）、房地产和矿业等行业。

"中阿合作论坛"由阿拉伯国家联盟和中国共同搭建，是中国与阿拉伯世界之间的对话平台，旨在加强双方合作。该论坛自2004年成立以来，推动中阿双方取得了一系列重要成就，成为世界其他论坛模仿的对象。通过这一平台所取得的最大成就，是建立了中阿之间在政治、经济、文化、媒体和发展各领域的合作机制。

摩中两国自1958年建交以来从未有过任何分歧，双边关系不断发展并最终实现质的飞跃，即建立了战略伙伴关系。2013年，中国国家主席习近平提出建设"丝绸之路经济带"和"21世纪海上丝绸之路"的倡议，即所谓"一带一路"。时任外交与国际合作大臣萨拉赫丁·梅祖阿尔先生代表摩洛哥表达了对该倡议的支持，表示希望弘扬和平、合作、开放、互利的古代丝绸之路价值观，促使有关各国加强货物、技术、人文与思想的交流。外交与国际合作副大臣安巴卡·布艾达表示，摩中关系正处于一个新的发展阶段，两国领导人怀有共同的愿望，即实现现有伙伴关系的多元化，为传统合作领域带来新的推动力。她表示，两国正努力加强双边贸易与人员往来，以鼓励投资。摩洛哥有义务立足非洲大陆，支持人类进步与发展事业。中国作为发展与现代化的最佳典范，相比于西方模式，其发展道路更适合摩洛哥，更符合摩洛哥在人类发展框架下的努力。此外，双方的合作基于对对方国家主权的尊重。

因此，摩洛哥当前的任务是把握机会，融入世界经济体系，同亚洲国家尤其是中国建立密切且不断发展的平衡关系。

二、摩中关系的未来

以前，摩洛哥外交政策的特点是在有限的地理范围内，尽力构建与欧洲、马格里布国家之间的关系，但这种以地理位置为核心的外交已不再能满足国家的切实利益。如今，摩洛哥外交注重政策调整，始终将顺应世界政治经济变化趋势置于首位。尽管仍存在影响摩中贸易的问题，但双方关系的未来充满希望。国与国之间经济利益互相依存，为增进摩中两国在贸易领域的合作提供了物质基础、实体依托，尤其是中国市场潜力巨大，对摩洛哥可持续经济发展进程具有重要战略意义。此外，中国的快速发展也可为摩洛哥提供新的机会。

这使我们进入另一层面的分析，即关于双方为发展经济关系所付出的努力。尽管摩中贸易面临重重困难，尤其是摩洛哥对中国的出口方面，但这一关系发展潜力巨大，目前的贸易关系尚未达到与两国政治关系要求相称的水平。

为实现这一目标，首先中国应尽力增加从摩洛哥进口商品，给予摩洛哥商品适当的关税优惠。其次，双方在交往过程中应重视支持银行和金融机构，以克服两国贸易中产生的外汇监管问题。再次，须加强两国商界往来，可以采取建立联合委员会等有效措施。此外，通过举办研讨会和专题展览等，可解决对中国市场信息了解不足的问题，建立项目数据库，激励摩洛哥贸易公司进入中国市场。摩洛哥因地理位置优势而成为中国对非出口的门户，因此还须注重加强两国之间的文化交流与互动，发展各种形式的合作。

对此，摩洛哥国家旅游局局长阿卜杜拉费耶·祖亭先生提到，摩中文化的诸多共同点体现在建筑、时尚和音乐方面，他呼吁中国公民把握摩洛哥免签的机会前来旅游，增进对这一丝绸之路终点站的了解。

摩中关系是摩洛哥最重视的伙伴关系之一，因为中国是全球最强经济体之一，对世界格局能产生重要政治影响，同时具备强大的军事力量。摩洛哥国王穆罕默德六世2016年5月访华，推动摩中由贸易往来的传统经济伙伴关系发展为经济、政治上的战略伙伴关系。摩洛哥借助中国投资建设了几个大型项目，有助于中国在非洲扩大其贸易与政治影响力。

落实摩中战略伙伴关系最好的证明，就是"丹吉尔穆罕默德六世科技城"项目。该项目源自2016年5月21日国王陛下访华期间摩洛哥有关部门与中国海特集团在北京签署的《工业和住宅园区项目谅解备忘录》。2017年3月20日，在国王陛下见证下，摩洛哥工贸部、内政部、外贸银行、丹吉尔—得土安—胡塞马大区行政长官与海特集团在丹吉尔马尔尚宫正式签署了开发建设"丹吉尔穆罕默德六世科技城"的谅解备忘录。

该项目包括工业园区和物流、商业、娱乐、居住等配套设施，总占地面积2000公顷，分三期建设。一期将营造智能住宅空间和融合十大产业（航空、汽车、电子商务、电信、新能源、交通运输、家电、医疗设备、材料加工、食品）的一体化工业区，共占地500公顷，对亚欧非三大洲开放。三期将建成占地1000公顷的商业区。这一综合项目将吸引30万人入驻，年营业额达150亿美元，新增收入3亿美元，新增就业人数10万人，通过刺激就业市场、发展经济活动，实现该地区的商业繁荣。摩洛哥将从中国海特集团吸取航空、汽车领域的国际领先经验，每年培训6000名技工，加强该领域所依赖的技术创新。该项目将帮助该地区吸引一批直接和长期投资，将丹吉尔打造为全球贸易平台和枢纽，成为面向欧洲、非洲的发展火车头。

与此同时，在摩洛哥东南部的瓦尔扎扎特，世界上最大的集中式太阳能发电站——努奥太阳能聚热电站正在抓紧建设。四个阶段的建设目标完成后，将帮助摩洛哥摆脱能源困境。它不仅能为摩洛哥提供近50%

的电力供应，使数百万家庭用上清洁能源，富余的电能还可向欧洲出口。

2015 年 5 月，中国电力建设集团有限公司与摩方签署了价值 20 亿美元的合同，承建努奥二期、三期工程项目。摩洛哥太阳能管理局、沙特水电公司为该项目融资，中国电力建设集团有限公司和山东电力建设第三工程公司作为责任方，主持设施建设，提供蓄热系统和终端系统并进行安装。

对此，摩洛哥外交与国际合作大臣萨拉赫丁·梅祖阿尔表示："摩中能源合作前景广阔，摩洛哥计划新建 5 座太阳能发电厂，欢迎中国公司参与建设，这将有力推动摩洛哥和非洲制造业发展。"

中国的发展经验为渴望走上发展道路的国家提供了可资借鉴的典范，该经验对于摩洛哥而言十分重要。因此，摩中关系的未来取决于革新机制与计划，以超越传统渠道，激活两国在政治、经济、文化领域的合作。总体而言，中国在对非战略中对摩洛哥高度重视，加上两国的政治意愿，可以说目前摩中关系正焕发出更大的活力。借此机会，加上连接欧洲和非洲的地理位置优势，摩洛哥可以实现经济合作伙伴的多元化。

密切与中国穆斯林的沟通
——访摩洛哥前宗教和伊斯兰事务大臣阿卜杜·凯比尔·阿勒维·马德加利先生

刘元培（中国国际广播电台阿拉伯语部原主任）

1988年11月1日，是中华人民共和国和摩洛哥王国建交30周年。在这美好的日子里，有两个摩洛哥代表团访华：由摩洛哥宪政联盟党主席布奥贝德·穆阿体先生率领的党代表团和由摩洛哥宗教和伊斯兰事务大臣阿卜杜·凯比尔·阿勒维·马德加利先生率领的摩洛哥伊斯兰代表团。

摩洛哥伊斯兰代表团到达北京后，我多次与中国伊斯兰教协会联系，商讨和确定采访代表团的事宜。一天后，伊斯兰教协会回答说，代表团在中国的访问日程很满，单独安排采访时间不太可能。协会决定把采访安排在北京人民大会堂，时间在全国人大会常委会副委员长赛福鼎·艾则孜会见代表团之后。

根据安排，我来到了人民大会堂，参加了赛福鼎副委员长的会见。一小时后，会见结束，代表团成员在会见大厅外稍事休息。这时，大厅里一片宁静。厅内仅剩大臣、大臣秘书、中国伊斯兰教协会国际部主任和我四人。我便取出话筒，坐在大臣的旁边，对他进行了下列采访：

问：这是您第一次来中国吗？

答：没错，这是我第一次访问中国。

问：这次访问的目的是什么？

答：这次访问的目的是加强两个友好国家之间的关系，特别是在宗教方面的关系，包括交流信仰自由和关心宗教事务的情况，了解中国政府处理国内各宗教的英明政策等。

赛福鼎副委员长（右）会见摩洛哥宗教
和伊斯兰事务大臣马德加利（左1）。

问：中方主人为你们这次访问作了哪些安排？

答：这次访问包括：会见一些中国官员。部分会见已经进行，例如：已见到了中国宗教局局长和中国伊斯兰教协会会长，今天，又见了中国全国人大常委会副委员长赛福鼎·艾则孜。其他会见和访问将在未来的日子里进行。我们还将访问这个高贵国家的一些地区，以便了解那里的情况。互相了解和沟通是所有合作的基础，也只有通过合作，才能达到相互谅解和交流，达成合作协定。

问：您对中国的印象如何？

答：我对中国的印象非常好。没有出乎意料，我原来想象，中国一定是一个伟大的国家，热情好客，景色美丽，现在发现果真如此。

刘元培采访摩洛哥宗教和伊斯兰事务大臣马德加利。

问：您与中国穆斯林兄弟接触过吗？

答：是的，接触过。在摩洛哥，中国兄弟曾经拜访过我们。在摩洛哥国王哈桑二世陛下主持的斋月研讨会上，曾有一些中国兄弟访问过我们。哈桑二世国王也亲自接见了他们。他们也出席过一些摩洛哥举办的伊斯兰国际会议。这些都是我们与中国穆斯林见面的场合。今天，我们仍然保持这样的联系和接触。

问：您发现他们的情况怎样？

答：他们的情况非常好。今天我们参观了一座清真寺，很大，是中国最古老的清真寺之一。寺院和手写书籍得到了很好的保护。这表明一切情况都很好。

问：你们对中国穆斯林的印象如何？

答：说真的，我们以前对中国穆斯林的印象与我今天见到的没有什么两样。因为穆斯林毕竟是穆斯林，本色没有发生改变。但是，今天我们所见所闻的穆斯林，他们享有信教自由，与所有伊斯兰国家的兄弟们保持联系。这些，伊斯兰世界有目共睹，表示满意。

问：您是否发现中国穆斯林与阿拉伯穆斯林之间有相似之处？

答：作为穆斯林，中国穆斯林与阿拉伯穆斯林之间有很大的相似之处，因为伊斯兰把他们聚集在一起。但每个国家的人民有自己的不同本质和特性。由于自然条件和国家不同，中国穆斯林肯定不同于摩洛哥和埃及穆斯林。

问：你们已经会见了中国全国人大会常委会副委员长赛福鼎·艾则孜和其他有关方面的领导，会见有哪些成果？

答：结果很圆满。就宗教领域而言，从加强个人互访和接触，到两国有关单位的合作，已达成初步协议。这点非常重要，定会产生良好的结果，愿真主保佑。

问：您认为中国穆斯林与阿拉伯穆斯林，特别是与摩洛哥穆斯林之间的友谊和合作关系如何？

答：我参加过许多伊斯兰会议，会上见到很多中国穆斯林代表。但这样的会议通常是一晃而过，没有继续接触和持续磋商，也没有专注于创造某种合作。这就是为什么我们摩洛哥要密切与中国穆斯林的接触，并推动这种接触形成未来持久的合作形式。这是我们两国发展广泛关系的共同愿望。发展宗教方面的关系只是摩洛哥与中国诸多关系中的一个方面。两国官员的共同意愿是推动和发展业已存在的这种关系。

记者：几天前，我们庆祝中国和摩洛哥建交 30 周年。最近，摩洛哥宪政联盟党代表团访问了中国,现在,中国又荣幸地接待您和您率领的代表团。这恰恰说明我们两国的友谊随着时间的推移不断发展。我们希望您的访问将进一步加强这种友谊,促进两国的合作关系永远持续发展。谢谢!

大臣:感谢您给我这个机会,向中国人民致敬。

中国—摩洛哥：相交的现代化

哈立德·卡西姆（中国四达时代集团法语区市场总监）

一种缘分

时光流逝，唯命运永存。命运从未停止安排人们的生活轨迹，无人可以逃脱。命运的执意安排，是一切发生的源头。

中文里用"缘分"来说命运。简单的一个词，却蕴藏了生活轨迹与中国发生交集的人们内心深处的秘密。

中国与我，就是源于命运安排或者说是一种"缘分"。

我是人们所说的"MRE"的儿子，"MRE"指的是"定居在国外的摩洛哥人"。我出生和成长的地方是法国。

因此，我在有着传统摩洛哥文化氛围的家庭中长大，同时又在法国共和制学校接受教育。这种双重文化毫无疑问构成了我社交的基石。当然无须就此赘言，我们暂且把社会学放置一边，因为可以确定的一点是，我理解世界和未来的方式，从来都不是一蹴而就之事。

很长时间内，当我的中国、摩洛哥或法国朋友问我"为什么选择中国"这一简单问题时，我总会展开长篇大论。我不厌其烦地列举各种理由和反例，耐心地纠正他们对中国的错误臆想，同时说服其接受我所作选择的合理性，因为这一选择在当时看起来何等另类。

今天，我前所未有地期望自己一直保有这种热情。在中国度过人生三分之一的时光之后，我的论据随时间的推移日益丰富，曾经的质疑者也变成了今天的艳羡者。相信未来，未来总会给予回报。

话虽如此，把自己当成中国的捍卫者的想法被我远远地抛诸脑后。我明白了非常重要的一件事，那就是中国自身的伟大足矣。中国从来无须捍卫，因为其伟大如此显而易见，所以无须争辩。

那么摩洛哥呢？无须强调它在我心中占据的核心位置，它融入我的血液，我希望彰显其最博大的雄心。摩洛哥，这一命运多舛的王国，也从来无须捍卫，它穿越大风大浪，游弋于传统和现代之间。

怀着谦逊之心，这些毋庸置疑的事实引领我对一个主要层面进行简

哈立德·卡西姆在公司留影

单的展望，因为它将在未来强化中国和摩洛哥的命运交汇或缘分。

那就是：现代化。

"简单"的中国式现代化

2008 年 8 月，当北京奥运会正在如火如荼地进行时，我第一次踏上了中国的土地。扑面而来的中国首都给我的第一印象就是，这是一个超级有活力的社会，一个当时到处充满着对现代化渴望的社会。

作为一个年轻的大学交换生来到中国，我体会到了无比的欣喜之情。当我把自己的所感与亲朋好友分享时，他们总是提醒我现代化对我来说并不陌生，因为我从小成长的环境就具备这一点，所以这不应该是我着迷的原因。

诚然，我们都知道未知之物引人发问和激动，人类在好奇心的驱使下会不由自主地怀着担忧和期望的心情进行对比。但是，中国的现代化指向的完全是另外一种理念。它不仅仅限于物质层面，这一点显而易见。中国的现代化由多种清晰可见的符号组成，我后面会再谈到这一点。

中国的现代化承载着积极的能量，因其出发点是为了回应我们时代的一个核心要求：简单。

在这方面，我的个人经历不胜枚举。其中，我记忆尤为深刻的一次经历可以作为佐证。

我总是喜欢强调我是在一天清晨的时候到达北京，然后在当天晚上睡觉前我已经完成了所有的入学手续：首先，北京大学的工作人员第一时间接上了我，到达宿舍安置行李，然后绑定手机卡和网络，前往银行开户，办理疾病保险，体检，陪同参观校园和最近的商场，参加欢迎晚餐，最后还买了一辆带折扣的电动自行车。真是满满当当的一天！

总之，这是一种既实用又真实可见的现代化，它的构思和落实都是为了简化人们的生活——既不让人恐慌，也不让人压抑。这是一种包容而非排他的现代化。

事实上，我逐渐融入了中国社会，拥抱了这种现代化，并学会了相信具体承诺。它让我更容易去接受巨变，并减少了对某些日常习惯的抵触心理。它让我摆脱了现代化会让人忘记其本真和身份特征的担忧。

中国现代化的简单性特点在于其友善，没有任何残酷之处，而且不会把人禁锢在框框里。它欢迎有意之人去尽一己之力，超越自我，而不管这些人来自何方。

"亲民"的中国式现代化

当我回顾流逝的那些岁月，我深感幸运。事实上，我亲眼见证了这个世界上前所未见的巨变，何其荣幸！出乎所有人意料，在中国的现代化中，复杂从未占据上风。以前是如此，今天更是如此。中国现代化的简单特性没有像某些所谓专家预言的那样走向悲剧性的命运。就像我在文章开头提到的，相信未来，未来总会给予回报。

就像中国曾经一次次应对的巨大挑战一样，其现代化是面向最大多数人，以不断适应和顺应公众利益。这是不断在简化，又惠及所有人的现代化。

毫无疑问，北京地铁从过去到未来将一直是中国首都现代化的典型象征。曾经在很长的时期内，只需要支付两元钱就可以乘坐北京地铁四通八达的线路。曾经，这一地铁票是具体而真切的中国新式现代化的象征，被无数人每天使用。

今天，虽然北京地铁网络进入了全球城市交通历史上罕见的扩张阶段，虽然它将再次扛起 2022 年冬奥会的大旗，但其他的现代化象征已经取而代之。

我还记得少年时期在电视上看到关于无所不能的未来手机时代到来的报道时，内心何等赞叹。当时，网络已经进入千家万户，我们都清楚地意识到网络会在我们的生活中逐步占据核心的位置。但是那时，几乎没人提到智能手机，而今天，我已经无法想象没有智能手机该如何生活。

最近五年，中国的互联网公司"三巨头"，简称 BAT，即百度、阿里巴巴和腾讯，已经真真切切改变了中国社会。一股新潮已经席卷了中国社会的所有领域。这一简单且受众不断增多的现代化彻底复兴，造就了一个真正的生活模式。几乎日常生活的所有需求——住房、饮食、服装、看病、出行、娱乐、结婚，等等，都可以通过智能手机的一个应用得到满足。

但是，真正的深层变革隐藏在一个终极工具后面，那就是移动支付。

这已经在所有居住在中国的人们的日常生活中占据越来越重要的地位。简单且亲民的现代化已经变得非物质化，具备了无限性。人们越来越少使用现金，就我而言，我已经两年多没有用过现金。我们都成了这个国家两大移动支付平台——支付宝和微信支付的用户。

要使用这一全新的支付方式来结账，只需要用智能手机扫描一种每个商家都有的二维码，就可以转账交易，简单如孩子的游戏。

这些具有变革性的支付方式获得如此巨大的成功，以至于如今在北京和中国其他大城市，越来越多的出租车司机、理发店，甚至街边小贩都不收现金。在国外，为了适应中国游客群体，一些大型商业中心甚至接受中国顾客通过其手机支付平台付款。

因此，中国正在诞生一个全新的社会形式。很有可能十年之后，中国会成为世界上第一个或者最早没有现金流通的社会。我无论如何也不想错过这一幕！

2016 年 10 月 1 日，哈立德·卡西姆在中国驻科特迪瓦大使馆举办的国庆招待会上向科特迪瓦总理敦坎介绍四达时代集团展品。左为中国驻科大使唐卫斌。

"安全"的中国式现代化

永别了，大街上的抢劫——身上现金少了就再也不用担心扒手了。一些人认为，移动支付的变革同样会对国家的整体安全有影响。如果仅是纸上谈兵，那么这一论证毋庸置疑，但是事实上，提出此论等同于不了解中国。

中国大陆的犯罪率确实从来没有这么低过。中国是世界上少数几个就其人口规模来说犯罪率急剧下降的国家之一。这一大幅下滑的部分原因，是监控摄像头数量的急剧增多以及配备新科技手段且训练有素的志愿者进行的巡逻。

另一重要原因是，中国在获得经济成功的同时，其优良的治安环境也在持续发力。数据和事实都摆在那儿。大多数情况下，中国警察查到的只是轻微的违法行为，并且开枪次数极少。因为对犯罪行为的不留情面和对政府权威的捍卫，中国警察成为世界治安领域的冠军，同时也为全体中国民众所爱戴和支持。

因此，中国的现代化正在蓬勃发展，大家在整个国家都能感受到安全。除了数据之外，我个人的经历也可以证实这一点：在中国生活多年，我从来没有处于不安全的境地。事实上，我从来没有成为任何攻击行为的受害者，自己也没有见过类似事情发生。我的一些外国女性朋友也时不时跟我说，在中国她们不害怕深夜独自回家，而这是她们在自己国家都不敢做的事情。

作为总结，我希望重申社会安全和经济繁荣之间的紧密联系。通过保证所有人的安全，中国的现代化创立了信任的氛围，也使得现在的中国商业人士普遍表达出创新的意愿。鉴于现在世界上处处弥漫的不安全氛围，这甚至成为吸引外国投资和人才的核心标准之一。

所以，中国的现代化同时囊括了很多元素：简单、亲民、安全。只有在服务于国家财富和人民幸福的时候，它才具有了全部的意义。

摩洛哥式的现代化

从何说起呢？首先，我知道摩洛哥读者内心肯定会嘀咕："我们知道什么是现代化。"那么，请大家即刻消除这一顾虑。请放心，摩洛哥对现代化也不陌生，很早以前就是这样。

首先，让我们回溯到摩洛哥现代化的源头，简言之就是西方现代化的源头。

在阿拉伯—穆斯林征战不休的几个世纪里，摩洛哥在哈里发统治区域的整个西部起到了稳定极的作用。摩洛哥深植于其影响范围，自然成为整个地区现代化的中心。事实上，征服伊比利亚半岛得以成功策划和实施，就得益于当时掌握了最先进的战争技术且久经沙场的摩洛哥战士。他们的将领塔里克·伊本·齐亚德（Tariq Ibn Ziyad）在这一胜仗之后用其名字命名了直布罗陀海峡：直布罗陀来自阿拉伯语加巴尔·塔里克（Jabal Tariq），意为"塔里克的山峰"。

攻占西班牙孔基斯塔的胜利很快让位于拥有三重文化的安达卢西亚（安达卢斯），这片土地上出现了人类历史上尤为重要的三位智者：伊本·赫勒敦、伊本·鲁世德和伊本·西那。这些圣贤留下的遗产是无价的，因为正是这些穆斯林和犹太先贤们翻译了古希腊经典之作，并随后将其传往信奉基督教的欧洲。众所周知，古希腊的哲学思想奠定了罗马民法的基础，后者则又成为欧洲复兴的基石。因此，到16世纪初现其形的西方现代化看似源自希腊—基督教，但实际上首先是有着犹太—伊斯兰的源头。所以，毫无疑问，摩洛哥征服者是主要的肇始者。

简单回顾了这一历史篇章以正本清源之后，让我们再次快速穿越回历史的迷雾中，这次是来到距今更近的时期。

阿拉伯—伊斯兰世界两个多世纪以来一直在以痛苦的方式融入西方式的现代化。像大多数阿拉伯国家一样，摩洛哥融入现代化的过程也充满了冲突和外国殖民的历史。但是，与其他阿拉伯国家不一样的是，摩洛哥接受和理解强加给自己的这一新式现代化。摩洛哥社会很好地理解了与陈旧的过去的决裂并不意味着对所有过去的否认，而恰恰相反，是对过去积极的再吸收。

哈桑二世国王被全球领导人视为一位奠基性的国王，他稳固了摩洛哥作为现代国家的基石，也因此在王国的现代史上留下了浓墨重彩的一笔。穆罕默德六世国王登基后，秉承其父遗风，同时引领了新的转折。今天，摩洛哥在改变，沿着正确的道路前进，与大多数阿拉伯国家之间拉开了明显的差距，至少可以说是明显的区别。因为很多阿拉伯国家依然停滞不前，陷入旷日持久的危机，百姓处境艰难。

摩洛哥从 20 年前开始进行大刀阔斧的改革，并且初见成效。桥梁、海港、立交桥、高速公路、高铁、机场、火车站、有轨电车、最新一代的光纤网络，此外还有历史性的社会变革，现代化的符号显而易见。诚然，不能说已经大获全胜，但是不可忽视的元素正在发力。今天的摩洛哥可以为其取得的进步而骄傲，我们当然需要向周边世界强调这一点，但是也要警惕倒退。现代化是一种需要时间将其渗入社会深处的文化。

是的，时间。留给我们的还有多少时间？

服务于非洲的发展

今天，有一种覆盖全球的秩序，无人敢宣称可以瞬间将其改变，我们只能给其带来独有的特性。但是，在这一点上，作为完整和独特的实体存活下来的条件是在全球化的背景下进行思考。摩洛哥也不例外。

哈桑二世国王一直喜欢说："摩洛哥是根扎在非洲、树叶在欧洲呼吸的一棵树。"所以，摩洛哥的现代化不需要找寻全球背景，其优越的地理位置使这一点成为自然之事。套用那句著名的比喻，摩洛哥脚在非洲，头在欧洲，命运使其更多地看向自己的脚下，同时保持冷静的头脑。

我已经说过，摩洛哥的现代化仍然需要时间来累积，而与此同时非洲的发展已迫在眉睫。我们还有多少时间？我们已经没有时间来浪费。如果摩洛哥的现代化希望进入新的维度，那么，它必须快速蜕变成为非洲发展的主要引擎。

就是在这一时机，中国的现代化凸显了作用。摩洛哥的现代化需要从中国的现代化那里获得滋养。要毫不犹豫地利用中国的成功模式，因为不管是在本国还是在非洲大陆内部，时间已经非常紧迫。领域不计其数，范围十分广阔，机遇无穷无尽。

其中一个领域，就代表着两国相交的现代化：可再生能源领域。中国在可再生能源领域的全球领先地位不可撼动，可以帮助摩洛哥稳固其在非洲的领先地位。

中国已经成为世界上可再生能源产能最大的国家，并将不断地在国际市场上投入大量的太阳能产能。世界各地的光伏产能都在增加，而中国对这一快速增长起着巨大作用，并将继续成为主要的增长引擎。2017年5月，中国建成了世界上最大的水上漂浮式太阳能电站。

再说摩洛哥，2016年初，穆罕默德六世国王在沙漠中为非洲最大的太阳能电站揭幕。该电站也是世界上最大的太阳能电站之一，名为"努奥"（Noor），在阿拉伯语中的意思是"光明"。在同年10月于摩洛哥马拉喀什召开的《联合国气候变化框架公约》第22次缔约方大会（COP22）上，穆罕默德六世国王正式宣布，到2030年，摩洛哥电力构成中一半以上的比例将来自绿色能源。2017年，摩洛哥启动了努奥太阳能电站的第四次扩建，将使得整个电站的装机容量达到500兆瓦。

中国作为全球第一大光伏组件以及太阳能生产国，通过与摩洛哥在可再生能源领域缔结高级别战略伙伴关系而获得了前所未有的历史性机遇。这种特殊的伙伴关系将使摩洛哥的能源供应获得保障，并于短时间内在可再生能源领域创造强大的工业体系。但是，目标并不仅限于此，这一战略伙伴关系需要匹配其历史责任：它需要成为可再生能源丰富的非洲的指路明灯。面对日益加剧的生态威胁，未来非洲的太阳能电站项目将会不断增多。

因此，中国和摩洛哥要共同携手应对。从现代化相交到命运相交，只有一步之遥。愿光明永在！

哲路记事

哲路（摩洛哥外贸银行北京代表处首席代表）

当我被托付用简短几页描述一下我在中国的经历的时候，我陷入了沉思。作为一个外派人员，不论对于我还是其他的摩洛哥人，这个"中央帝国"无论是从地理位置还是语言文化的角度来说，都是"遥远的他乡"之一。

那么，我该如何在有限的空间内准备并构思我的文章，以介绍我在中国为时较长的任期内的方方面面——我的工作，我的家庭生活，以及那些我们在工作共事、接待、旅行、邻里或者街头简单偶遇，以及在理发店、健身房、按摩店、艺术表演、外交聚会等各类场合遇到的中国朋友？

我在中国的外派经历始于 1999 年初，出发之前，我在国内准备了许久。出于工作原因，我被安排前往这片完全未知的土地开始我的重大冒险，随行的还有我的妻子和两个年幼的孩子（一个三岁半，另一个一岁半）。其实，作出常驻中国的决定不论是从家庭还是从职业的角度考虑，都并非易事。我因此花了不少精力去说服我的家人以及亲朋好友。要知道，在维护家庭关系方面必然得作出一定牺牲，尤其是与我一直深爱的妈妈——她最终对我生命中即将要到来的新的征程表示祝福。在这之前，我由于工作或个人原因也多次到国外出差或旅行，但是跟这次长期而又令人向往的外派相比，它们都显得那么短暂。因此，我无比期待出发前往这片未知的土地——中国，乃至亚洲和远东。我开始设想自己是当代的伊本·白图泰，我要去开拓新的视野。我将作为第一家在华摩洛哥银行的首名工作人员，从零开始编写我人生中新的一页；我要迎接新的空前的个人挑战，以适应远方的环境并把我所热爱的银行的旗帜插在那片土地上。在这样的想法鼓舞下，我们于 1999 年 3 月 1 日凌晨正式出发。

尽管至今已经过去了近20年，我依然记得当时对这片土地的初次印象：雾蒙蒙的早晨，浓雾与冷空气凝聚在北京机场上空，还夹杂着些许污染……而我们刚离开摩洛哥南部阿加迪尔湛蓝的天空。

当时，我国使馆的一位朋友来机场接机并把我们带到市区参观我们要入住的公寓。一路上，妻子和我都被北京道路上的景象吸引住了，还有那些胡同，那忙于日常生活的人们，那熙熙攘攘的上班族，那跳舞晨练的老人，以及这个苏醒中的城市里来来往往数不清的自行车。

在一位马来西亚朋友的帮助下，我们很快初步安顿下来。她已在华工作多年，也是恒基集团的干部。我们的临时小公寓便位于建国门内大街的恒基中心国际公寓。接下来，便要着手办理我的工作许可，以及我和我家人的居留许可。

两天后，时值摩洛哥国王登基日，我国驻华使馆在凯宾斯基饭店举行招待会，我于是便有了和中国朋友以及在华摩洛哥团体的初次接触。我至今对那一刻依旧记忆犹新：第一次，我和中国朋友一起聊天，他们有的在摩洛哥生活过，有的因工作或旅游而到过摩洛哥。我记得他们都对我们的国家及其文化、美食、人民、历史、建筑表示尊敬和向往。同时，他们告诉我，如果获得入境签证能更为便利，他们都愿意再去摩洛哥。

我的生活在继续：布置办公场所，办理住房手续，给女儿在北京法国学校的小班注册……每次办手续，一有需要，我都能从我的中国朋友那里获得帮助。尤其是李先生，他是我在恒基中心的邻居之一，很喜欢我们的小孩，也经常来我们家帮忙，并利用其人脉协助我办理各种行政手续。之后，还有另外一位朋友张女士，她也是我们的邻居，来自河南，她成了我妻子很好的朋友，并给我们适应北京的生活提供了很大的帮助。

和这两位邻居在一起的时候，由于我和家人都不懂中文，通常有一名恒基中心的行政人员或者一名他们的能说英语的家庭成员或朋友在场，以确保沟通的顺利进行。要知道，1999 年初的中国，在日常生活中或者公共场合，以及出租车、餐馆、超市、咖啡厅、理发店、商店里，能讲英文的中国人并不多。

随着时间的流逝，我记得促使我跟老师上一对一的中文课的主要原因之一，便是为了更好地理解我的孩子们。事实上，他们常看中国的电视节目，尤其是带中国小孩配音的动画片。他俩很快便开始讲汉语，而且，白天跟他们一起的保姆也跟他们讲汉语。于是，我跟妻子说，为了更好地与孩子们沟通，我们也得上中文课。尽管我们坚持让孩子同时讲汉语、阿拉伯语和法语，他们其实在说汉语的时候会在三门语言之间有所混淆。在这种情况下，作为父母的我们便不得不去猜测他们的需求。事实上，中文方面的进步不论是对我的工作、我在许多城市的旅行还是我的日常生活都提供了很大的便利，尽管当时我的中文尚处于初级水平，然后才进步到街头沟通的水平。考虑到工作繁忙，家务事也不少，我其实很遗憾没有充足的时间进一步提高我的中文水平。每次有机会说汉语的时候，我都不顾错误大胆地说，对方也会表扬我的进步并鼓励我，这也为我更好地融入中国文化、适应当地习俗提供了帮助。

宁波是我在中国旅行的第一站。当时，在一位北京朋友的陪同下，参观了该市向摩洛哥出口的绿茶生产基地和公司。摩洛哥是中国绿茶最大的进口国，生产商主要来自浙江和云南两省。针对我国如此大的消费量，一位出口商曾对我们说，在每个摩洛哥人的血管里，不论富贵与贫贱，都有中国的绿茶在流淌。

抵华两个月之后，我迎来了第二次出差，这次是到上海。时值世界经济论坛，随行人员是一个由国际知名企业管理层组成的代表团。在感叹北京和上海的组织者的高效率的同时，我也对第一次见到的浦东新区的摩天大楼和璀璨灯光表示震惊。

时光飞逝，年复一年，周而复始，我们逐渐适应了在华的生活。北

哲路与本书副主编吴富贵（左）夫妇
在摩洛哥外贸银行北京代表处合影

京的冬天因为天气严寒、缺乏绿色、空气干燥，让我们一时非常难以适
应，因为打小我们便生活在大西洋的岸边，那里暖意融融，海风清爽。
我们也有机会接待来华参观游览的家人。在不同时期，所有来访的人都
对我们在中国的生活以及所处的生活环境赞美不已。那时，我们特别喜
欢周末和中国朋友外出到北京周边，尤其是到怀柔和密云郊游，孩子们
也对此乐此不疲，因为他们可以在有的餐馆边钓鱼边享受他们的成果。
与此同时，我也有机会认识了其他国家的朋友，他们中的大部分是我们
在法国学校开家长会时认识的，其中有的也和我们一样是外派人员。我
们与中国朋友还有几个我国使馆的工作人员一道，度过了许多愉快的周
末时光。

　　即使在2003年的"非典"期间，我们和其他的中外朋友也没有离
开北京。我们当时一直相信，中国政府采取的诸多措施肯定能战胜疫情。

于是，我们留了下来。"非典"过后，生活回归正常。因为之前从未有此经历，这段时期在我们的人生中也显得尤其特别。

在我的工作履历中，我先后两次被派往中国，因此亲身经历了这个国家的一些变化。第一次是在 1999 年初至 2005 年初，第二次始于 2013 年初直至今日。2005—2013 年的八年期间，我被召回摩洛哥，在外贸银行履行其他职责。那时，我依旧很想念中国。因为有了第一次的成功经历，我总是想带着家人重返这片土地，她在我们眼中已经成为"第二故乡"。在这两次外派期间，中国发生了翻天覆地的变化。通过出差或度假，我有幸去过了多个省份的 40 来个城市，因此亲眼目睹了数不清且壮观的建筑工地与基础设施如何改变着中国人的生活以及许多城市的面貌。也正因为它们，让中国成为世界第二大经济体。

然而，我还是会怀念 1999 年和 2000 年我印象中的位于三里屯、秀水市场、后海和东大桥等地段的老街区。和其他外国朋友一样，我们尤其喜欢胡同里特别的生活情调，那样的画面将永远刻在我的脑海中，它们会让我想起自己的国家：从事传统职业的街头理发师，房门前年迈的退休人员的小聚会，就地摆着的水果摊和新鲜蔬菜，三里屯小巷里的活力还有那香味扑鼻、播放着多元音乐的咖啡厅和小餐馆……随着时间的推移，如今这些地段充斥着现代化的高楼和千篇一律的超市商场，与我们在其他发达国家看到的并无两样。

我也经常会到中国周边其他国家旅行，回摩洛哥出差或度假，看望家人和朋友，但是很快，我便会有回到中国尤其是北京的愿望。因此，如同我的小家庭的其他成员一样，我完全适应了我的"第二个故乡"，而且，在这里我感觉很好。

中摩民间友好使者
——记摩中友好交流协会主席穆罕默德·哈利勒博士

吴富贵（中国—阿拉伯国际合作中心副主任）

"中国阿拉伯友好杰出贡献奖"获得者

2016 年 1 月 20 日，备受瞩目的"中国阿拉伯友好杰出贡献奖"颁奖大会在埃及首都开罗的四季酒店会议中心隆重举行，10 名阿拉伯杰出友好人士获得表彰。中国国家主席习近平出席颁奖活动，并亲自为联合国前秘书长加利等 10 名获得"中国阿拉伯友好杰出贡献奖"的友好人士授予奖章和证书，并同他们合影留念。此情此景，暖心感人，再次表明中国政府和人民永远不忘老朋友。

获奖者中有一位摩洛哥人，他就是摩洛哥—中国友好交流协会主席穆罕默德·哈利勒博士。谈到获奖感受，他谦逊地说："我感到很荣幸，不是为我自己，而是为摩中友协所有辛勤工作的员工们。从 80 年代起，摩中友协就不断派代表团访问中国，努力建立与中国的友好合作关系。他们才是真正的获奖人，我只是协会派出的领奖人代表而已。""获奖是中国政府对我们真诚合作的肯定。获得这个荣誉，我为摩中友协的员工和中国的朋友感到骄傲。因为我们单方面的努力是无法获得成果，无法获得荣誉的。获得中国阿拉伯友好杰出贡献奖是摩中双方企业通力合作的结果，所以，这个奖也有中国朋友的一半。"

2016年1月20日，中国国家主席习近平在埃及开罗为联合国前秘书长加利（左5）等阿拉伯人士颁发"中国阿拉伯友好杰出贡献奖"并合影留念。左2为摩中友协主席穆罕默德·哈利勒博士。

摩洛哥第一位中医

如今，在北非古国摩洛哥，一提起中草药，很多人自然会想到穆罕默德·哈利勒先生。

上世纪60年代，遵循先知穆罕默德"求知，哪怕远在中国"的教诲，哈利勒冲破家庭和社会重重阻力，踏上中国的土地，赴北京医学院（现北京大学医学部）留学。谈起留学中国的经历，他说："起初，我和大多数外国留学生一样，到中国学习中医，是因为对中医学充满好奇。后来，通过学习和实践，特别是亲身体验过中医治疗，药到病除的效果让

1998 年 12 月 3 日，哈利勒来华出席摩洛哥综合艺术展开幕式期间与吴富贵合影。

我对中医十分痴迷。另一方面，我也看好中医的就业前景。不论怎样，这门充满神秘和智慧的东方医学正在受到越来越广泛的关注。"

经过长达 10 年的学习，哈利勒在中国获得医学博士学位。期间，为获得第一手资料，他历尽艰辛进行实地考察，足迹遍布中国 29 个省、市、自治区。回国后，他于 1989 年在摩洛哥第一大城市卡萨布兰卡创办了第一家中医针灸诊疗所，并营业至今。

哈利勒博士说："中医学与现代医学的思维模式各有不同，现代医学主要强调人体生命的物质基础，因而采用对抗疗法；而传统中国医术注重身体器官之间的功能关系，注重调和，这种思维模式与中国传统文化的关系甚为密切。通过系统专业的学习，我深刻地了解到了中医术与文化的关系。"

随着屠呦呦因发现青蒿素而获颁诺贝尔医学奖，近年来中医在海外越来越流行。许多外国年轻人步哈利勒的后尘，慕名到中国学习中医。

奔走于摩中两国之间的民间大使

知难行易，还是知易行难，这是中国传统文化意义上的经典命题，历代贤者都曾为此发出过深深的感叹。现实生活中，每个人都会根据自己的人生体验作出不同的回答。

2012 年 11 月，穆罕默德·哈利勒博士当选为新改组成立的摩洛哥—中国友好交流协会的主席。摩洛哥—中国友好交流协会的前身是成立于 1984 年的摩洛哥—中国友好协会。摩中友协与中国人民对外友好协会保持良好关系，积极推动两国间的民间交流。

在就职演说中，哈利勒表示，自己被委任说明摩中友好是大势所趋，只要有信心和热情参与这项工作，便能获得大家的尊敬和肯定。此后，他不负众望，在促进摩中友好的探索中不断阐释自己的人生意义。

上任后，他首先召集友协各方面人士开会，集思广益，并身体力行寻访了全国 30 个省市乡镇，根据摩洛哥基础设施建设市场及工农民用商业市场所需，相继制订出对华经济、商贸、文化交流的五年发展计划，并积极组织摩洛哥企业家访问中国。

当年与哈利勒同期在摩中友协担任副主席的穆罕默德说，当时对他的印象就是活力四射、积极向上的一个人，"至今，哈利勒仍保持了这种风格，工作中总是马不停蹄，日程安排得十分紧凑。我想这是基于他对祖国、对摩中友好事业的一种热忱。对摩中友好事业的热爱和使命感，使他愿意亲身参与到火热的摩中合作和交流中去"。

哈利勒的工作十分繁忙，每月往返奔波于摩中两国的城市和乡村。他每年都组织并带领多个摩洛哥代表团到中国各地参观、访问，以促进摩中友好为主要目的开展两国民间交流活动。用他自己的话说，"就像一辆时速 140 公里、每天都连开 14 小时的汽车"。不善言辞的他，每年有 200 多天在中国，而每次回到摩洛哥，他都收获颇丰。当有人问到他的最高理想时，他说："我希望化为一座桥，传达摩中两国之间的美德，在经济、商贸和文教交流方面，实现真正意义上的互惠互利、合作双赢，让两国民众加强了解，互通有无，共享福祉和繁荣。"

"书生报国无他物，唯有手中笔如刀"。哈利勒担任摩中友好交流协会主席以来，一个人带起一个团队开展工作，促进了中摩两国间各界人士友好往来和文化、经贸、医学、医疗卫生等领域的技术、学术、人才、商品交流，享有"摩中民间大使"的光荣称号。

谈到摩中传统友好故事，哈利勒教授说：中国有"西天取经"的神话，阿拉伯有"求知，哪怕远在中国"的圣训。翻开摩中关系史会看到一系列闪烁光辉的名字，其中就有举世闻名的中世纪四大旅行家之佼佼者伊本·白图泰。"他是摩洛哥人，是摩洛哥王国的骄傲；他不属于一个时代，而属于所有的时代。"哈利勒博士评价说。他立志要让伊本·白图泰在当代中国成为一个家喻户晓的名字。

岁月流逝，时过境迁。今天，在中国国家主席习近平倡议的"一带一路"建设中，摩中两国的友谊不断加深。在摩中友好的历史进程中，我们可以这样说：古有伊本·白图泰，今有穆罕默德·哈利勒。

我的在华教学生涯

欧玛·托萨尼（浙江省温州市第十二中学摩洛哥籍专家）

2015 年 9 月 25 日，就在中国传统佳节中秋节前夕，我和温州大学的外教大卫·贝特沃斯（David Butterworth）先生以及其他 13 名"优秀外籍人员"一起，收到了一份特别的礼物——温州市政府颁发的"雁荡友谊奖"。颁奖仪式于周一晚上在温州新南亚大酒店举行。温州市副市长陈建明先生作为特邀嘉宾出席仪式并发表了令人难忘的讲话，赞扬在温州的外国人所作出的贡献。

这是我在"第二故乡"中国获得的最高奖项，也是我人生中最大的成就之一。我会将颁奖的那一刻铭记在心并好好珍惜。作为获得该奖的首位摩洛哥人，我非常引以为豪。该奖于 2003 年设立，之后有来自 35 个不同国家的 192 名外籍专家与研究人员获奖。我非常珍惜这份荣誉，我也将更加不遗余力地投入到我的事业之中。

我于 1978 年出生于北非的摩洛哥王国。青少年时期，我非常痴迷电子游戏、动画以及武术电影。我一直记得十岁时，有一次我看了一部中国明星成龙的动作片，之后我便开始对武术电影产生了兴趣。我把在家帮父母干活换来的零用钱拿去买电影票，这样我就可以在大银幕前尽情享受了。渐渐地，我对中国的武术、传统文化以及佛教建筑等越来越着迷。在喜欢的武打明星的影响下，我开始学习武术，也习惯性地去模仿电影里的武术动作。初中毕业后，我决定去我出生的城市里唯一的技术高中学习信息技术。那时，我已知道自己以后想从事的领域——游戏开发。父母对我的决定惊讶不已，因为当时该领域并不流行，但他们也

欧玛·托萨尼在为学生上辅导课。

没有反对，因为他们知道我要学习的是我喜欢的专业。不过，他们也担心我拿到毕业证后找不到工作。那时，一旦电视上播放关于中国的纪录片，我总是会非常及时地守在电视机前欣赏完所有关于那片神秘的土地的内容。中国所有的东西都吸引着我：语言、饮食、建筑、传统文化以及那里的人们。

初中毕业之后，我决定专攻信息技术。于是，我进入一所私立高中学习信息软件。三年的高中学习之后，我准备进入商业领域，开始我的职业生涯。我的第一份工作是在一家软件开发公司。令我惊讶的是，我开始觉得那是世界上最无聊的工作——整天坐在电脑前编写程序，以协助小型企业客户的管理工作。如果我没记错的话，一个月以后我就辞职了。我当时非常确定，这不是我想要的工作与生活。我的第二份工作是

温州市政府颁发给欧玛·托萨尼的
"雁荡友谊奖"证书

银行收银员，那时我觉得这比第一份工作更糟糕。我不得不面对各种各样的客户，工作不仅无聊，甚至让人窒息。于是，我决定离开，去寻找一份氛围更好的工作。我的第三份工作是一家跨国公司的商品质检员。这家公司为 Ralph Lauren、Gap 以及 Ted Baker 等品牌加工服装。工作几个月后，我被晋升为布料仓库负责人，但由于工作任务十分繁重，我决定放弃。当时，我决定休息一下，重新思考自己的人生。父母鼓励我继续学业，然后找一份更理想的工作。于是，我决定重返校园。

后来，我注册了一所美式教育的大学。我现在依旧清晰地记得我去面试时，面试官还有商学院和技术学院的院长看到我都非常惊讶。在我的祖国，很少有人离开学校后重返校园继续学业。他们对我的决定表示认可，我被顺利录取。这次，我选择了国际金融而不是信息技术。

2004年，作为交换生，我去了美国俄勒冈州的威廉姆特大学（Willamate University）。交换结束回到摩洛哥，我便开始申请美国的学校。后来，我被加利福尼亚州洛杉矶的一所学校录取。收拾好行李，我决定开始我的新征程。在美国时，我遇到了许多中国留学生，他们鼓励我去中国工作。我把简历给了我的同班同学，不过当时我没有过高期待。拿到毕业证书后，我被美国公司 CAVS USA 聘请担任工厂经理职务。我在那儿工作了六个月，直到有一天我收到了中国一所中学的电话，他们有意聘用我。当时我有点犹豫，我不知道是应该留在美国还是接受这份新的工作。这是个艰难的抉择，但是，我不能放弃这次可以在我向往已久的地方生活的机会。

2010年，当我乘坐的飞机降落在北京时，我原以为在这里生活会非常简单。在机场，所有指示牌都用中英文标识，和人沟通也并非难事。可是，当我到了温州，环境便大变样了。在这个浙江省的小城市，我意识到绝大多数人不会讲英语，更糟糕的是，我都不知道如何用中文说"你好"。我在中国面临的第一个挑战便是语言。抵达的前三个月，由于语言障碍，我甚至都觉得活下去并非易事。有时，没有中国朋友的帮助，我都无法买到基本的生活用品。我需要面对的第二个挑战是了解并适应当地文化。在和学校签订合同后，我决定前往深圳考取教师资格证书并接受关于中国文化的培训。

如今，我已经把温州视为我的第二故乡。这里的人们非常真诚和友好，他们充满好奇，对所有关于我的祖国的事情都想了解。不过，他们有时也会问一些私人的问题，比如我挣多少钱。起始我觉得这种问题比较无礼，现在我已经习惯各种各样的疑问了。另外，我很喜欢我的工作，我把我的同事和中国学生当作家人，他们都非常热情和友好。总体而言，中国学生非常腼腆、安静，有时这也会使我的工作不好开展。我非常尊重中国人，也欣赏中国人面对长辈的那份敬重。这里的文化和西方大不相同，我喜欢人们互助的氛围，他们崇尚集体意识与合作。在学校里也一样，好学生喜欢帮助他们的同学。

去年夏天，我和未婚妻一起回到了摩洛哥。我把她介绍给了我的家人，他们都非常热情，因为他们从来没有接待过来自中国的客人。尽管他们不会讲汉语，我的未婚妻也不会阿拉伯语，但我们在一起共度了一段美好的时光。我们彼此的家庭都非常期待这场凝聚着亚洲和阿拉伯文化的联姻。

在六年的执教生涯中，我一直非常喜欢在温州的生活。期间，我花了许多时间来激发学生们学习英语的兴趣与自主性。异国的文化与不同工作环境对我而言是挑战，但同时也是荣幸。在此，我祝愿温州市能更加开放、热情与国际化，以吸引更多的外国人，让他们感受到中国文化的魅力。

发明让人类生活更美好
——访摩洛哥发明者阿卜杜勒·阿迪·哈比克

刘元培（中国国际广播电台阿拉伯语部原主任）

以"创新、交流、友谊、和平"为宗旨的 1996 年北京国际发明展览会于当年 9 月 16 日在北京农业展览馆开幕。来自摩洛哥、毛里塔尼亚、马来西亚、韩国、匈牙利、美国、意大利、波兰和保加利亚等国，以及中国各省市自治区、国务院各部委、港澳地区和台湾等 50 个展团的发明人携近千项发明成果出席了大会。

在展览会闭幕前夕，我作为中国国际广播电台《世界信息报》的记者访问了摩洛哥代表团团长、著名发明者阿卜杜勒·阿迪·哈比克先生。哈比克先生首先介绍了摩洛哥代表团的情况。他说："参加这次展览会的摩洛哥代表团由摩洛哥发明机构与摩洛哥文化事务年度协会合作共同组成，由摩洛哥发明和创新世界博览会组委会主席努尔丁·伊斯梅尔先生担任总管。"

哈比克先生继续说："摩洛哥王国参加这次北京国际发明展览会的发明项目共 15 个，涉及太阳能、风能、医药、植物和其他技术等。我们的参与是积极和全面的。我们的代表团无论从人数还是项目数量和质量上说，都是参会代表团中最多和最大的。我还要补充一点：参与这次北京国际发明展览会的摩洛哥发明者都是每年 6 月下旬在卡萨布兰卡举行的摩洛哥国际发明展览会上的获奖者。"

谈到他个人的发明，哈比克先生介绍说："在本次展览会上，展出了我个人的发明——一台使用太阳能的洗衣机。这种洗衣机先是给水加

刘元培采访摩洛哥代表团团长哈比克。

温，然后产生压力，带动电动机运转。这项发明在比利时布鲁塞尔的尤里卡展览会和美国展览会上均获得过金奖。这是我第一次把它带到中国来。"

哈比克先生接着说："我们团里有个发明者，他发明了一种机器，可将风力转化为电力，驱动机械运转。还有一位女士，名叫白尔拉达·穆妮尔·娜艾美，她从摩洛哥的植物中提炼出一种混合物，能防治脱发，并且还有其他功效。还有一个项目是国家饮用水局的一些官员发明的，由大船把淡化后的海水从海滨城市丹吉尔运送到外地，同时指导公民如何合理用水。"他就这一项目评论说："可以说，就利用太阳能进行海水淡化而言，这项发明具有世界意义。"

当我问他对中国发明的看法时，他回答说："这个问题很难，因为中国的发明涵盖所有重要领域，如磁体学、医学、能源、药理学和日用工具等。可以说，中国的发明占整个展览的百分之九十，这很了不起。在第三届摩洛哥世界发明展览会上，来自中国福州市的发明家周景宇获得'哈桑二世发明创新奖'。他发明了一种船，可以在水深仅 50 厘米的浅水中行驶。这位发明家很有天分。"

我问："摩洛哥展览会多长时间举办一届？"他回答说："北京每四年举办一届，而我们卡萨布兰卡每年都举办国际发明展。"

我了解到，中国和摩洛哥发明家之间已进行了接触和合作，便问哈比克先生双方接触和合作有何成果。哈比克先生回答道："摩洛哥发明基金会派出代表团出席北京国际发明展览会，目的是同中国发明协会及其他协会和公司建立联系。我们已与中国发明协会会长武衡先生就协会派团参加 1997 年 7 月摩洛哥庆祝青年节时举办的卡萨布兰卡国际发明展览会的问题进行了磋商。武衡会长给予了肯定的回答。我们还同韩国代表团和其他国家的代表团进行了会见。"

我继续问："您对加强中国和摩洛哥发明家之间的合作有什么展望和设想？"哈比克先生稍加思索后回答说："我们希望中国每次能派出 100 人以上的代表团参加卡萨布兰卡国际发明展览会，同时，我们也计划派出代表团参加 2000 年在北京举行的第四届国际发明展览会。这些就是我们的展望。我们将继续和中国发明家及北京市发展关系和合作。"

哈比克先生曾两次访问中国。我问他："通过这次访问，您对中国和北京的印象如何？"他回答说："我可以说，1996 年的中国不同于 1993 年的中国。中国发生了翻天覆地的变化。我发现这次自己好像生活在另一个城市。"

最后，哈比克先生向中国新闻工作者表示感谢。他说："我非常感谢你们，因为你们用实际行动支持发明和发明者。发明者为了人类生活更加美好，不遗余力、专心致志地不断创新。新闻工作者过去有义务，

摩洛哥发明家在北京国际发明展览会上参观展品。

现在仍然有义务向人民大众宣传这些创新，使他们受益，让他们的生活越过越好。"

　　在采访后的第四天晚上，我从北京国际发明展的主办单位中国发明协会处得知，摩洛哥代表团有多项发明获奖：治疗脑积水用的带封闭式容器的微型引流阀获得金奖；手织挂毯和海水淡化方式获得银奖；还有6项获得铜奖。我打电话向哈比克先生表示祝贺。哈比克先生表示，摩洛哥欢迎更多的中国发明项目和发明者参加明年（1997 年）在卡萨布兰卡举行的第五届摩洛哥世界发明和革新展。希望中国和摩洛哥两国在发明领域继续发展关系，不断合作。

夫人外交助力摩中友好事业
——忆两位摩洛哥前驻华大使夫人的故事

王燕（中国阿拉伯研究学者）

　　摩洛哥王国地处北非，是最早同中国建交的阿拉伯国家之一。1958年11月1日，两国正式建立大使级外交关系。60年来，始终有那么一批正直、热心的摩洛哥朋友，像勤劳的蜜蜂一样，为摩中友谊之果默默无闻地催花酿蜜。我有幸与其中的两位摩洛哥前驻华大使夫人熟识。

阿拉伯国家驻华大使夫人协会前主席
米娜·谢尔提

　　米娜·谢尔提是位能歌善舞、热心于中国妇女儿童和慈善事业的社会活动家。她是2003年2月随丈夫穆罕默德·谢尔提大使来到中国赴任的。到北京后，她在中国的生活、工作就瞬间忙碌了起来。

　　利用休息日，她应各方邀请，走遍中国大江南北，与慈善扶贫机构接洽助学助残事宜。在参观访问中她了解到，摩中建交半个多世纪以来，偌大的中国国土之上，居然没有摩中两国企业家、文学家、妇女儿童经常性展示和交流的平台。于是，她因地制宜，把摩洛哥驻华大使官邸当作开展夫人外交工作的重要场所，把摩洛哥驻华大使馆当作同中国各界妇女交流的窗口，经常举办慈善赈灾募捐义卖、摩洛哥服装服饰展卖等系列文化交流活动。空闲时，她还要给使馆周边小区的妇女慈善团体上

谢尔提大使（右2）和夫人
米娜（右3）在义卖会上 。

英语课，以便她们与阿拉伯驻华大使夫人协会和非洲驻华大使夫人协会
的各国夫人们在京合作开展募捐慈善和义卖活动时进行简单的交流。

摩中两国有着近千年的友好交往，相关文献均珍藏在各自国家的博
物馆和图书馆中。只可惜，这些文献若干年来无缘与两国广大民众见面。
谢尔提夫人说，摩中之间有太多的故事值得述说，有太多的人物值得追
忆，所以，她应尽其所能，充分发挥大使夫人的主观能动性，利用现有
资源和便利，加强两国民众之间的了解、交流与沟通。为此，她把使馆
装扮出浓郁的摩洛哥风格，作为常设的文化展示场所。

2006年5月13日，我应邀出席了由阿拉伯国家驻华大使夫人协会、
摩洛哥王国驻华大使馆主办的首届摩洛哥艺术品展览及大型慈善爱心义

卖活动。活动在位于北京三里屯路 16 号的摩洛哥王国驻华大使馆草坪上举行。60 多个非洲和阿拉伯国家使团及国际组织参加本次义卖活动。

活动现场集中展出了世界各国赠送给摩洛哥王国的各种礼物，以及阿拉伯当地手工艺品、服饰、装饰品。此外，还有中国的手工艺品。展品全部参加义卖，筹集的善款将由摩洛哥驻华大使馆全部捐赠给中国慈善机构。

来宾们站在琳琅满目、堆云叠翠的各类精美展品前，驻足观赏，精心选购。特别是充满摩洛哥元素的小挂件，十分夺人眼球，来宾们纷纷驻足观赏，拍照留念。使馆准备的特色美食大受欢迎，很快便被一"抢"而空。使馆大厅内的心愿树上，挂满了各界民众送给贫困地区妇女儿童的祝福卡及心愿卡，大大小小、花花绿绿，一共约有上百张。

摩洛哥驻华使馆妇女小组为此次活动进行了精心准备。各式展台上，摩洛哥的陶器色彩斑斓，主要有非斯的蓝色陶器、萨菲的黄色陶器、撒哈拉地区的实绿色陶器和梅克内斯的绿色花纹陶器。

摩洛哥的手工编织地毯也非常漂亮，极具收藏价值。特别是古典的柏柏尔族手工地毯，非常精美。灯具饰品也很别致，这些灯饰的材料都是牛皮或者羊皮，晒干后经过处理再上色，然后铺在铁制的支架上。灯饰的形状非常繁多，都是不规则的几何图形，色彩以红色、橘色居多。

手工刺绣也是柏柏尔族的传统工艺，一般是在白色的桌布、枕套、靠背垫、手巾、被罩上绣出精美的图案，颜色多为红色和蓝色。

在义卖现场，有位姓张的女士一口气购买了 6 件摩洛哥陶器。她说："这种精美的阿拉伯工艺品，中国商店里没见到过有卖的，即便有卖也一定价格不菲。而今天，我不出国门便能在摩洛哥驻华使馆买到物美价廉的阿拉伯商品，货真价实，更重要的是，这样既帮助了残疾失学儿童，又体现了爱国主义精神。"

2008 年 5 月 12 日，中国四川省汶川县发生 8.0 级地震，这是中华人民共和国成立以来破坏力最大的地震。灾害发生后，阿拉伯国家驻华大使馆纷纷向中国外交部致电、致函，表达深切关注，并组织向灾区捐款捐物。谢尔提夫人带领部分非洲国家驻华大使夫人，于 6 月 17 日登门拜访时任中国外交部长杨洁篪夫人、外交部扶贫工作名誉大使乐爱妹参赞，当场代表非洲驻华大使夫人协会向中国地震灾区捐赠 10 万元人民币。

谢尔提夫人表示，中非人民是好兄弟、好伙伴。为推进中非妇女友好交往，非洲驻华大使夫人协会与中方有关部门保持着密切的往来，并一直积极开展公益活动。此次痛悉中国四川省发生特大地震灾害，非洲驻华大使夫人协会特将本年度"非洲之夜"筹得的 7 万元善款捐给地震灾区的妇女儿童。另外，非洲驻华大使夫人协会原计划捐给中国前外交官联谊会的 3 万元人民币，经协商此次也一并请外交部转交灾区。

乐爱妹参赞感谢非洲驻华大使夫人协会的友好举动，允将捐款转交有关部门。她表示，中非人民亲如兄弟姐妹，在中国人民遇到困难的时候，非洲人民提供了热情的帮助和慷慨的援助。非洲驻华大使夫人协会积极为中国地震灾区募捐，体现了中非人民"患难见真情"的友谊，中方对此表示衷心感谢。

摩洛哥著名画家、前驻华大使夫人努瑞娅·哈基姆博士

古人云："君子交有义，不必常相从。"我和摩洛哥前驻华大使贾法尔·哈基姆的夫人努瑞娅近年来虽过从较少，却时时惦念。无论平日，还是每临斋月、节日，便有短信、电话或邮件往来，言简意赅，聊慰友情。

努瑞娅·哈基姆博士是摩洛哥著名画家。2009—2016 年在华常驻期间，为了进一步交流中摩两国绘画艺术，支持中国扶贫助学助残事业

摩洛哥前驻华大使哈基姆夫人
努瑞娅在颁奖会上发表感言。

发展，她多次举办画展，并将所得全部收入捐献给中国慈善事业。

2013 年，在中国与摩洛哥建交 55 周年之际，努瑞娅携作品参加了在北京中国国际贸易中心大展厅举办的第五届亚洲艺术博览会，以史诗般的画卷向观众展现了一位大使夫人别样的色彩。

杭州西湖、新疆天山、云南石林、北京庙会⋯⋯，以及中国婚礼、摩洛哥婚礼，红红火火，热热闹闹，每幅作品都蕴含着摩洛哥与中国元素的巧妙融合。努瑞娅以驻华大使夫人兼当代阿拉伯女画家的宽广视野，绘就了一幅幅令人耳目一新、富有创意的反映当代中摩民众友好交流的油画作品，给中外参观者留下深刻的印象。

王燕（右1）在义卖会上与摩洛哥驻华大使哈基姆（中）和夫人努瑞娅（右2）合影。

　　虽然努瑞娅的绘画与中国画家风格各异，但如果仔细观察，总能在她的画作中找到中国民俗风情与文化情怀的影子。有中国油画大家评判说，努瑞娅的画作以抽象中的具象，虚实相生地表达了她心中的所见所感，时而游走在复古精致与恢宏大气之间，时而徜徉在具象与抽象之间。那些奔放肆意的色彩流淌在画布上，乡土生活入情入画，表达了她对中国的一往情深。

　　面对中国观众对她的作品的赞美、点评，身在展会现场的努瑞娅向我透露，自从与丈夫来到中国之后，她便以绘画的方式，把她对摩中妇女友好的情愫都融入了艺术作品里，且以捐赠的形式将自己的画作无私奉献给了中国扶贫事业。为了证明她对中国的友好感情，我们相约前往其寓所一看究竟。

走进大使官邸，首先映入眼帘的是满墙色彩斑斓、形态各异的各式油画作品。听她详解之后，我们更对这位大使夫人言行一致地用绘画艺术的形式表现热爱中国之情内心生出崇敬之意。这些画作主题丰富多彩，风格各异，一组组、一幅幅，反映和展现着中摩两国妇女的友好情谊。

不过，这位出生在摩洛哥首都拉巴特的大使夫人的兴趣爱好并不局限于油画创作。在她的引导下，我们进入她的工作室，登录她的个人微博，看到了这位大使夫人鲜为人知的另一面：她陪同丈夫贾法尔大使常驻过的国家和周游过的地方，还有她撰写的文笔流畅、令人印象深刻的心得体会和出版过的一本本书籍。

更令人赞叹的是，努瑞娅在大学读的是生物学和化学，并且双双拿到了博士学位。只要你是有心人，也许可以从她的作品细节中看出来这一点。我了解到，努瑞娅的画技最初是从母亲和祖母那里学来的，后来，通过自己的亲身体会、反复实践，她变得越来越得心应手。无论陪同大使丈夫常驻哪个国家，爱好绘画的志趣一直是她生活的重要组成部分。

努瑞娅表示，她会像伊本·白图泰一样，回到故乡的第一件事就是向每位家乡父老讲述历久弥坚的摩中友好故事。

一部译著的记述
——马金鹏先生与《伊本·白图泰游记》

马博忠（中国回族学会理事）

伊本·白图泰与中国

《伊本·白图泰游记》（以下简称《游记》）是被摩洛哥人民视为国宝的一部世界名著，是一部研究中西交通史的重要资料，也是追寻伊斯兰教从海路传入中国的历史的参考文献。《游记》问世后，先后被译为英、法、德、俄、西班牙、日等多国语言，成为各国旅行家及交通史、伊斯兰教史研究人员的必备书籍。20世纪初，汉族学者张星烺先生根据德文版本译出《游记》中国部分。在1985年以前，中文版的《游记》全译本一直没有出现。

伊本·白图泰（1304—1377）是著名的穆斯林旅行家、历史学家，与马可·波罗、鄂多力克和尼哥罗康梯并称为"中世纪四大旅行家"。他出生在摩洛哥丹吉尔城伊斯兰教法官家庭，从小记忆力强，少年时就能背诵全部《古兰经》，长大后受过良好的法律和文学教育，精于伊斯兰教法学、教义学。从1325年开始，他在30年中先后三次外出旅行，四次赴麦加朝觐，周游了亚、非、欧许多国家和地区，行程约12万公里。他游览了各地的河流、山川、名胜古迹，考察了各地特产、城市建筑、社会设施、政治制度、奇闻逸事，访问了学者、名流、宗教领袖等。1346年，他经孟加拉到达中国广州、泉州、杭州和大都（北京），在书中描述了中国农产品、金银手工艺制品、瓷器、煤炭、绘画、交通、旅行及社会治安情况，记述了中国穆斯林聚居区和清真寺的情况。他的

《游记》中还提到法官、道堂、苏菲修道者等，是研究中国伊斯兰教史、元代中外关系史的重要文献。伊本·白图泰归国后，口述了一生旅行见闻，由王室书记官穆罕默德·伊本·朱扎伊用阿拉伯文记录，并于 1355 年整理成书，题名《异境奇观》。此后，他任摩洛哥法官，1377 年归真，享有"忠实的旅行家"的美称。

半个世纪的翻译过程

我的父亲马金鹏 1913 年出生在山东济南的一个回族家庭，取字志程，1925 年入成达师范学校学习。1932 年，父亲从成达师范学校毕业，与王世明、韩宏魁、金殿桂、张秉铎一起被选送到埃及爱资哈尔大学深造。经过一年阿文补习，考入爱大文学院，结识了马坚先生、纳忠先生等人。当时，这些留埃学子除了攻读爱大规定的课程外，各自都有自己的兴趣和研究方向。马坚先生研究《古兰经》，纳忠先生研究《伊斯兰教历史与哲学》，父亲则钟爱《游记》。到开罗之初，父亲研究的选题为"伊斯兰教是怎样传入中国的"。在探讨这个课题的过程中，父亲逐渐对阿拉伯国家历史、地理产生了兴趣，周末经常参加埃及文化界举办的有关旅游知识的讲座，聆听了埃及学者讲述伊本·白图泰 30 年中三次远游亚、非、欧各国，四次朝觐的奇妙经历，特别听了他到中国游历的故事。这引起了父亲极大的兴趣，他就从开罗国立图书馆借阅了一部《游记》。书中详细介绍了伊本·白图泰 600 多年前孑然一身走遍世界大部分地区，特别是到中国游历的过程。《游记》一下子就吸引了父亲，从此该书成为父亲爱不释手的读物。父亲还在阅读过程中作了笔记，收集了一些相关资料。当知道中国还没有《游记》汉译本时，父亲萌生了把《游记》翻译成中文的愿望。

光阴似箭，经过四年学习，1936 年，父亲和金殿桂一起率先从爱大毕业，随第二次访埃的恩师马松亭阿訇回国。途中，父亲常与金殿桂

年轻时的马金鹏教授

一起在甲板上阅读《游记》，谁知天有不测风云，当轮船行至马六甲海峡时，突起大风，父亲在甲板上躲避不及，《游记》被刮入茫茫大海。翻译工作只好停了下来。回国后，父亲受聘担任成达师范学校阿拉伯文教员，但仍不忘寻找《游记》版本。1937 年，父亲参加"甘宁青抗敌救国宣传团"赴西北宣传抗日。成达师范学校迁至桂林后，1938 年，父亲返校继续任阿文教员。同年，与父亲同去埃及留学的韩宏魁归国，带回了埃及教育部出版的《游记》校订本。得知这一消息，父亲喜出望外，从韩宏魁手中将书借来，阅读后决定选择这个版本作为翻译《游记》

的蓝本。这个校订本与其他版本相比，有它的独到之处，即校订者在序言中着重介绍了《游记》的重要性和它的世界意义，并第一次将世界各国学者对《游记》的研究成果和译成多国文字的情况作了比较全面的介绍。这个版本还绘制了 11 张伊本·白图泰到世界各地旅行的路线图，使读者在阅读文字的同时能比较直观地了解伊本·白图泰的游历行踪。这个版本还对《游记》中涉及的各国历史、地理、宗教派别、人物、语言文字发展等疑难问题作了较详细的解释，便于读者理解。经过一段时间的准备，父亲于 1941 年夏天在桂林开始了《游记》的翻译工作。

父亲在成达师范学校除教授阿拉伯文专修班的主要课程外，还担任《月华》杂志主编和该校《古兰经》翻译委员会委员、成师毕业生委员会主任委员等职务，工作十分繁忙。翻译只能是时断时续，大部分翻译都是在晚间进行，经常工作到深夜一两点钟。后来，由于日寇白天不断轰炸，学校上课一度只好改在晚间把窗户挡上进行，白天师生和家属都躲进防空洞内。父亲利用这个时间和韩宏魁坐在靠近洞口的地方，一方面负责观察敌情，另一方面抓紧时间借着射进来的阳光进行翻译。有时，父亲还和韩宏魁讨论疑难问题，也常伴随着愉快的争论。经过近三年的努力，父亲终于完成了《游记》上册的翻译初稿。长时间的拼搏使父亲消瘦了许多，但面对《游记》译文初稿，父亲脸上经常露出少有的欢快。当年我们不理解父亲这么累怎么还这样高兴，今天想来，这就是默默耕耘者收获的欢欣吧。

1944 年，日寇占领了衡阳，直逼桂林，学校向重庆撤退。一路上都有追兵，天上日机不断地轰炸和扫射，几乎烧掉了家中所有值点钱的东西，而《游记》前半部译稿被父亲视为珍宝。为了保护这份译稿，他请母亲专门缝制了一个布袋，将稿子装好系在身上，从不离身，晚间就用它当枕头，这使稿得以保存下来。我们长大后听母亲讲述在桂林逃难的那段经历时，她老人家说："当年日本人轰炸，几乎使家中一无所有，你爸爸都不怎么心痛，唯有两件事情一直牵动他的心：一件是那份《游记》译稿的保存，另一件就是你们这群孩子的安全。"这使我感到外表严肃的父亲内心深藏的那一份对伊斯兰文化的执着追求和给予子女的真挚的爱意。虽然《游记》译文手稿保存下来了，那本《游记》阿文校订本却在学校向贵阳转移的途中随韩宏魁遇难归真而丢失了。在后来的很长一段时间里，因为始终没有寻找到《游记》的校订本，翻译工作不得不暂停下来，但父亲内心却从来没有放弃寻找的努力，而那份手稿也就成了父亲经常翻阅的文稿。

1952年，父亲担任上海福佑路清真寺教长时，与庞士谦阿訇书信往来，得知庞老有一套埃及教育部出版的《游记》校订本，非常高兴。父亲看到继续翻译《游记》的希望，一面给庞老写信，一面为继续这项工作作必要的准备。1953年，父亲在母亲的支持下结束了三年的宗教事务，应聘担任北京大学东语系阿拉伯语教研室讲师一职，回到他老人家一生钟爱的教师行业。

当年初冬的一个星期天，父亲从北大骑自行车进城到庞老家中拜访，师生交流了分别三年各自的情况后，父亲献上保存八年多的《游记》译文请老师指正。约半个月后，庞老亲自登门到我家就译文的得与失和父亲长谈了近两个小时，对一些译法提出自己的建议。父亲像小学生一样聆听老师的教诲，并不时地提出一些疑问请老师详解。交谈后，庞老从书袋中拿出一本用牛皮纸包好的书，操着浓浓的河南乡音亲切地对父亲说："志程，这是我保存多年的《游记》校订本，拿去用吧！"父亲接过书，爱不释手地抚摸着说："老师，我可能会用很长时间，怕不能很快还给您。"庞老看着学生不好意思的神情，十分爽朗地笑了笑，然后拍了拍父亲的肩膀说："那就送给你吧！"稍停片刻又严肃地说："不过得有一个小小的条件，那就是一定得把这本书译完，译好。"父亲十分感动，点着头说："一定译完译好，决不半途而废。"这时已临近中午，母亲准备了便饭招待庞老，庞老笑着说："我就不客气了。"吃饭时，庞老又关切地问父亲在翻译中还有什么困难，父亲说："《游记》里引用了不少《古兰经》章节，要注明其出处，查寻比较困难。"庞老听完了说："我家中有一本名叫《兄弟明灯》的《古兰经》索引，过几天你到我那儿去一齐送给你。"看到老师这么热情地支持自己的工作，感动得父亲紧紧地握着老师的手连说："谢谢您，谢谢您。"有了这两本书，父亲又作了一些其他准备，就开始了《游记》下册的翻译工作。对于庞老的大力支持，父亲终生不忘。1957年，庞老因讲真话被错划成右派，父亲为此愤愤不平。1958年初庞老病重，父亲不顾影响只身前去探望，庞老激动地拉着父亲的手颤抖着说："一定译完它……"眼看着一个有大成就的伊斯兰学者被摧残成这样，父亲难过得落下了眼泪，说："老师多保重。"没有想到，这次见面竟成了师生间的诀别。庞老归真的消息传来，父亲在家中为老师做了都哇（祈祷），以示哀悼，把对庞老的思念永存心头。父亲生前说："庞老师送给我的两本书，对我翻译《游记》工作的支持就像雪中送炭和春天的润雨一样重要。"

马坚先生也关心父亲《游记》翻译工作的进程，经常询问工作进展情况。1954年暑期，马坚先生特地在北京大学图书馆上万册阿文书籍里为父亲找到一本巴黎1809年出版的《游记》法文、阿文对照本，送到我家，并向父亲作了详细介绍。这是国内少见的孤本，对翻译工作起到重要的参考作用。对此，父亲生前说："马坚先生提供的《游记》版本，对我的翻译工作是十分有益的。这个版本不仅保持了《游记》的原貌，也是研究游记的好资料。"父亲对马坚先生也十分敬重。1978年马坚先生归真，当时父亲也正因心脏病入院，未能出席先生的追悼会。出院后，父亲看到学校为马坚先生作的生平简介中没有说明先生是回族人，由于当时的政治环境，没有人对此提出异议。父亲觉得马坚先生是著名回族学者，为宣传伊斯兰文化和中国的阿拉伯语教学贡献了一生，归真后却没有享受到民族宗教礼仪是十分遗憾的事，于是他找到有关领导，提出应确认马坚先生回族身份的请求，这才使问题得到解决。

父亲晚年在谈到二位先生时说："庞阿訇与马坚先生都是现代穆斯林学者中最有成就、最具有影响力的人物。特别是庞老师，学问才智还没有充分展现，就过早地去世，对中国回族文化及伊斯兰教的发展来说是重大的损失。如果说马坚先生是当代回族学者的代表，那么庞士谦老师则是现代中国伊斯兰教学者型阿訇中当之无愧的典范。"

1964年秋，林兴华先生在北京外国语大学任教期间，对父亲的翻译工作甚为关切，从友人手中借到贝鲁特出版的《游记》阿文本送给父亲。这个版本里凯顿姆·布斯塔尼为之写的序言中较全面地介绍了英、法、德、荷兰等国学者对《游记》的翻译、出版、研究情况，并附有《游记》中人名、地名索引，为父亲译文中人名、地名的统一提供了重要依据。庞士谦老师、马坚先生、林兴华先生的关心与支持，给父亲很大鼓舞，使他下定决心一定要把好的《游记》汉译本献给中国广大读者，不辜负诸位老师、学长对翻译工作的支持与帮助。《游记》下半部分一开始介绍的是印度莫卧尔王朝的情况，其中涉及很多蒙古民族历史。为了熟悉这方面情况，父亲请教北大历史系的老师，还先后阅读了拉史顿丁著的《历史集成》、冯承均先生译的《多桑蒙古史》，以及《元史》《中西交通史》和最新版本的《新译简注蒙古秘史》等史书，扩大自己的知识面，以便在翻译中做到更加准确。为使译文能体现游记作品的风格，并尽可能适合中国读者口味，父亲阅读了一系列世界游记名著，如中国四大名著之一的《西游记》、刘半农先生译的《苏顿曼东游记》、冯承均译的《马可·波罗游记》、张星烺先生从德文版本节译的《伊本·白图泰游记》中国部分，以及阿文版的《伊本·朱贝尔游记》《一千零一夜》《辛·巴德游记》《绿色的突尼斯》等著作。

父亲翻译《游记》工作最大的推动力量，来自1963年底周恩来总理和陈毅副总理的非洲十国之行。周总理、陈毅副总理一行对摩洛哥王国进行友好访问期间，哈桑二世国王特意拿出该国奉为国宝的《伊本·白图泰游记》手抄本，请周总理、陈毅副总理观看，并向他们简单讲述了伊本·白图泰600年前只身访问中国的情况，表示愿中摩两国人民友好外交不断加强，令周总理等十分感动。事后，总理询问随行人员我国有没有《游记》汉译本。当听说只有《游记》中国部分节译本而无全译本时，他指示回国后请有关部门加强这方面的工作，组织人力制订切实计划，尽快将《游记》译成中文。消息传到北京大学，父亲十分激动，这给他老人家的翻译工作增添了新的动力。然而，正当父亲的翻译工作取得较大进展时，"文化大革命"开始了。父亲也因参加过"甘宁青抗日救国宣传团"赴西北宣传抗日救国活动而被扣上历史反革命的帽子，受到冲击，被抄家，被批斗，被送到北大在江西鲤鱼洲的农场劳动，不幸染上血丝虫病，晚年备受折磨。这些皮肉之苦，父亲都能以一个虔诚穆斯林的心境坦然面对。最使他痛心的是，抄家使得多年完成的文稿、积累的资料和许多从埃及带回的书籍都丢失、损坏，有的被焚。面对这些，父亲心痛如刀割。特别是庞老送的两本书无法找回，使父亲急得两次因心梗住院，翻译工作也因此中断了。但父亲不忘当年对庞老的承诺，不忘庞老病中"一定译完"的嘱托。1972年，父亲从江西回到北京，从北大图书馆借出《游记》校订本，恢复《游记》翻译工作。但中央突然给北大下达了一项紧迫的政治任务，因毛主席要接见一批来访的第三世界国家元首和政府首脑，指示尽快组织力量翻译一批介绍各相关国家历史和现状的书籍，供中央领导阅读参考。北大受命翻译五本书，其中有两本是阿拉伯语国家历史书，一本是《阿拉伯半岛》，另一本是《科威特简史》。学校把任务下达给阿拉伯语教研组，而教研组则安排马坚先生翻译《阿拉伯半岛》，另一本《科威特简史》由父亲和陈建民老师合译。《游记》翻译工作又一次中断了。

中共十一届三中全会给中国大地送来了温暖和煦的春风润雨，北京大学知识分子也开始解除思想上沉重的压力，振奋起精神，从事各自的

马金鹏译本《伊本·白图泰游记》书影

研究工作，父亲又看到了翻译《游记》的希望。尽管此时他已是 70 多岁高龄，身心经过多年的摧残，患有多种疾病，但仍以极大的热情投入工作中，日夜奋战。经过两年多的努力，父亲终于完成了《游记》的翻译工作。回首往事，50 年真是弹指一挥间。在这中间，我们这些做子女的有时也劝他老人家适当休息一下，他对我们说："我想起你庞爷爷那样才华横溢的伊斯兰学者含冤去世，心里就十分难过。我今天还活着，还不应该多做些工作吗？"父亲的伊斯兰真情使我难忘。

1985 年，在上海外国语学院朱威烈老师和宁夏人民出版社杨怀中先生的热情帮助之下，第一部《伊本·白图泰游记》汉译本由宁夏人民出版社出版发行，填补了《游记》没有中文全译本的空白，实现了周恩来总理生前的愿望，受到学术界广泛重视。《游记》汉译本出版后，父亲首先想到的是告慰周总理的英灵。他给邓颖超同志写了一封信并献上《游记》一册，寄托一个回族老人对周总理的思念之情，同时以回族人特别的方式为庞士谦老师和马坚学长做都哇。父亲把《游记》作为献给恩师马松亭大阿訇 91 岁生日的礼物，送到马老手中。这位已是耄耋之年的成达师范学校创始人用颤抖的双手抚摸着学生的礼物，内心感受着从未有过的丰收喜悦，含着欣喜的泪花说："从 1936 年到今天整整 50 年，终于完成了这项工作，这是你的成绩，也是成达师范学校的光荣。可以告慰庞士谦阿訇了。咱们师生一起为唐柯三校长和庞士谦阿訇做个都哇。"父亲恭诵《古兰经》首章，马老亲自念祈祷词。马老又说："志程，你虽然 70 多岁了，但还不算老，还要多出成果，用行动证明成达师范的教育是成功的。"老师的话让父亲预感到新的更艰巨的任务将要出现。《游记》问世后，不仅得到学术界重视，我国历届领导人和中国伊协负责人赴摩洛哥访问、学习、考察都携带这本书作为礼物，赠送给外国朋友，为增进中摩两国人民友谊和文化交流作出了贡献。

1987 年的北京大学开斋节联欢会上，父亲应有关方面的要求，走进了人生路上新的学习领域——重译《古兰经》，开始了长达八年的学习、研究、翻译和注释历程。

2001 年 10 月 24 日，父亲归真，享年 88 岁。

《游记》中译本的影响

2014 年 6 月 5 日，习近平主席在中阿合作论坛部长级会议开幕式上的讲话中提到："甘英、郑和、伊本·白图泰是我们熟悉的中阿交流友好使者。"

《伊本·白图泰游记》是研究中世纪伊斯兰世界历史，尤其是研究印度、中亚、西亚、非洲的历史、民族、宗教、地理等方面的一部很有价值的名著。我的父亲马金鹏先生将埃及出版的阿拉伯文本译为中文后，宁夏人民出版社先后印制了两版，华文出版社 2015 年推出第三版。

《游记》中译本出版 30 多年来，在学术、政治、外交、宗教、社会等领域产生了一些重要影响。

《游记》中译本的面世，填补了学术研究领域没有该书中译本的空白，相关研究也从原来只能依据张星烺先生从德文译出的《游记》中国部分的基础上大大地前进了一步，变成引证马金鹏《游记》中译本为主、参考张星烺中译本。这对促进中摩、中阿文化交流作出了重要贡献。

《游记》出版后，一时间成为健在的中国回族早期留埃学生交流的话题，纳忠、张秉铎、刘麟瑞、杨有漪、王世清、林仲明、金茂筌、马维芝等纷纷登门祝贺。健在并服务于各部门的原成达师范的老学生闪克行（农工民主党）、马人斌（中国伊协原副会长）、周仲仁（济南市伊协原会长）等，以及服务于教育、外交、国防、商贸等部门的北京大学阿拉伯语专业历届毕业生也三五成群地前来表示祝贺。一时间，原本清静的家变得门庭若市。

1987 年，中国伊斯兰学者李华英先生根据中国伊斯兰教协会的安排，前往摩洛哥出席哈桑二世国王斋月讲学会。他特意携带《游记》中译本作为敬献礼物之一赠给哈桑二世国王。由于这是《游记》中译本第一次在伊本·白图泰的故乡出现，国王不仅说"好极了"，还指示连同其他两件礼物一同收藏在博物馆中。

一时间，此事成为摩洛哥新闻媒体报道的焦点，记者纷纷采访李华英先生。时任中国驻摩洛哥大使馆文化参赞对李华英先生表示祝贺说："你以中国学者身份把摩洛哥人视为珍宝的《伊本·白图泰游记》的中译本送到哈桑二世国王手中，是你在这里备受欢迎的原因所在。"

1998 年，在中摩建交 40 周年之际，摩洛哥首相尤素菲访华。江泽民主席在会见尤素菲首相时说："我读过《伊本·白图泰游记》中译本，知道伊本·白图泰是一位大旅行家。"客人表示需要若干本《游记》中译本。当了解到《游记》中译本第一版早已销售一空后，为满足客人的需求，外交部紧急联系宁夏人民出版社组织再版。为提高质量，杨怀中老师与父亲商量在书中增补伊本·白图泰出游路线图7幅（我有幸参加了制图工作），增印5000册以解燃眉之急。

《游记》中译本的出版也极大地激发了蕴藏在父亲心中几十年的学术研究潜能，使他老人家在耄耋之年迎来了一生中第二次翻译高潮。他在生命的最后15年里进行了顽强拼搏，把坚忍不拔的学术研究精神发挥到了极致，陆续推出《古兰经译注》《穆罕默德评传》《曼丹叶合》《穆罕麦斯》等近300万字的译著。

（本文前两部分原载《回族文学》2010年第2期）

后 记

　　由外交部老干部笔会和五洲传播出版社联袂策划出版的"我们和你们"丛书涵盖了"一带一路"的众多国家，用中国和描述对象国两种文字同时发行。呈现在读者面前的《中国和摩洛哥的故事》便是其中的一本，它既是中国和摩洛哥两国友好交往的见证，也是两国关系发展美好未来的展望之作。

　　美丽的摩洛哥素有"北非花园"之称。我于 1985—1989 年在中国驻摩洛哥使馆工作，四年多时间里，与摩洛哥各界朋友广泛接触，对摩洛哥的风土人情深入了解，特别是对已故的哈桑二世国王对中国的友好情谊印象深刻。哈桑二世陛下在记者招待会和公开讲话中多次提到中国人民敬爱的领袖毛泽东主席和周恩来总理，说他最欣赏毛主席有关与民众打成一片将会"如鱼得水"的论述。他的父亲穆罕默德五世国王当年积极动员和依靠民众抗击法国殖民军，"如鱼得水"；现在进行经济建设和保护国家安全也要动员和依靠民众，政府才能"如鱼得水"。1987 年的新春记者招待会上，哈桑二世陛下首先接受新华社记者提问，他深情地对记者的新年问候表示感谢，并说只有来自礼仪之邦中国的人才能说出这样的话，请转达他对中国人民的良好祝愿。在摩洛哥工作四年多，有四个方面的印象时时在我眼前浮现。一是摩洛哥人见到中国人好像都会亲切地打招呼"你好"，二是摩洛哥人的日常生活与中国绿茶、丝绸、瓷器的密切程度，三是哈桑二世陛下在民众中的崇高威望，四是每逢盛大节日柏柏尔族传统马队卷地而来，骑手狂呼着对空鸣枪的壮观场景。

　　摩洛哥扼直布罗陀要冲，战略地位极为重要，奉行与各方交好的外交政策，在全球战略格局中发挥着重要作用。摩洛哥自称是阿拉伯世界最为开放的国家，二战中接收大量犹太难民就足以证明这一点。上世纪80年代，以色列300来万人口中有五分之一来自摩洛哥。这些人虽然先后移居以色列，却家家户户悬挂穆罕默德五世和哈桑二世两代摩洛哥国王的画像。正因为如此，摩洛哥在巴勒斯坦和以色列和平进程中起着特殊的作用。我在摩洛哥工作期间，先后在以色列联合政府担任外长和总理的佩雷斯多次到访，与哈桑二世国王商谈巴以和平问题，再由摩方转告巴勒斯坦政府。摩洛哥在中东事务中的独特作用无以替代，为各方所倚重。

2018年是中国和摩洛哥建交60周年。60年来，中摩友好合作关系全面健康发展。2016年5月，摩洛哥国王穆罕默德六世应习近平主席之邀访华，中摩宣布建立战略伙伴关系，签署了基础设施合作备忘录等一系列合作文件。摩洛哥对中国公民免签后，双方合作机遇增加，商贸人士往来明显增多，经贸合作迎来了新的发展时期。2017年11月，摩洛哥外交与国际合作大臣布里达应王毅外长之邀访华，两国外长共同签署了《中华人民共和国政府与摩洛哥王国政府关于共同推进丝绸之路经济带和21世纪海上丝绸之路的谅解备忘录》，摩洛哥成为首个与中国签署"一带一路"合作文件的马格里布国家。布里达外交大臣强调指出，摩中关系是建立在传统友谊和共同利益基础上的可靠与可信的伙伴关系，摩方支持中方维护主权、领土完整和正当海洋权益的努力，希望与中方继续加强在政治、反恐安全和重大国际地区事务中的相互支持和协调，进一步拓展贸易投资、铁路建设等各领域互利合作，欢迎中国企业利用摩独特地缘优势拓展非洲和阿拉伯市场。两国外长决定，要以两国建交60周年为契机，进一步落实好两国元首达成的共识，设计好建交庆祝活动，推动两国战略伙伴关系和全方位合作迈上新的台阶。

《中国和摩洛哥的故事》收录的文章内容丰富，涵盖面广。作者中既有中摩两国前驻对方大使和外交官，也有摩方前部长和各界友好人士，还有为增进中摩关系发展作出贡献的学者和记者。通过亲历者讲述的众多故事，读者会进一步了解中国与摩洛哥友好关系的渊源和历史情结，亦会对两国友好关系发展的广阔前景更具信心。

中摩是发展中国家平等互利友好合作的典范，亦将会成为共商、共建、共享、共赢，推进构建人类命运共同体的"一带一路"建设的重要合作伙伴。

本书副主编吴富贵先生是知名阿拉伯文化学者，著作颇丰，在阿拉伯文化界拥有广泛人脉，为促进中国与阿拉伯国家友好交往作出了重大贡献。吴富贵先生积极为本书撰写稿件并向多方组稿，为本书顺利出版付出了大量心血。在此，特向吴富贵先生致以衷心的谢意。

孙海潮

2018 年 7 月于北京